Comment l'État va faire

Main basse sur votre argent

Simone Wapler

Comment l'État va faire

Main basse sur votre argent

Et ce que vous devez faire pour vous en sortir

Ixelles éditions

Note de l'éditeur :

Nous portons le plus grand soin à l'édition de nos ouvrages et ceux-ci sont soigneusement vérifiés. Cependant nous ne sommes pas responsables des erreurs ou oublis que vous trouveriez dans cette publication.

Attention : n'investissez jamais plus que vos moyens ne vous le permettent. La valeur de tout investissement, et des revenus qui en découlent, peut monter aussi bien que descendre. Nous conseillons à nos lecteurs de consulter, avant d'investir, un courtier ou un conseiller financier indépendant agréé.

Abréviations utilisées dans l'ouvrage : M = million, Md = milliard.

ISBN 978-2-87515-180-3
D/2012/11.948/181
Dépôt légal : 1er trimestre 2013

E-mail : contact@ixelles-editions.com
Site Internet : www.ixelles-editions.com
Ixelles éditions est une division d'Ixelles Publishing

1

De l'État-providence à l'État rapace

« Je sais enfin ce qui distingue l'homme de la bête :
ce sont les ennuis d'argent. »
Jules Renard.

L'État français a besoin d'argent, de beaucoup d'argent. Maintenant.

Confronté à de graves problèmes financiers, au bord de la faillite, l'État va devenir féroce. Car c'est bien la faillite qui menace. Dans l'urgence, il est plus facile, et surtout plus rapide, de puiser dans l'épargne et de lever l'impôt plutôt que de réduire les dépenses publiques. L'État se servira donc dans votre poche au nom du salut public.

Selon la Banque de France, au deuxième trimestre 2012, l'épargne des Français s'élevait à 1 811 Mds€ :

- 1 230 Mds€ en assurance-vie ;
- 581 Mds€ en livrets.

Un total de 1 811 Mds€ pour une dette publique de 1 870 Mds€. Ne cherchez pas plus loin l'étrange mansuétude des marchés à l'égard de la France. Nos créanciers étrangers – qui possèdent 70 % de la dette nationale – savent très bien qu'il y a du répondant. La France n'est pas la Grèce, elle sait lever des impôts et les 120 000 fonctionnaires du Trésor public rassurent ! En cas d'urgence, l'État prendra l'argent là où il se trouve, dans votre épargne.

Pourquoi en cas d'urgence ? Parce que, chaque jour ouvrable sur les marchés, la France doit lever plus de 1,5 Md€[1]. La majeure partie (80 %) correspond à de la vieille dette qui arrive à échéance. Comme nous sommes incapables de la rembourser, il faut emprunter encore et toujours. Le reste, soit 20 %, sert à financer les dépenses de l'État au jour le jour. C'est le véritable déficit.

Nos taux d'intérêt ont atteint à fin 2012 le plus bas taux historique jamais vu depuis deux cent soixante ans (condamnation de l'Encyclopédie par Louis XV pour vous situer), ce qui est censé signaler une grande confiance. En effet, le marché ne prête à un taux d'intérêt très faible qu'aux grandes signatures et la France en fait encore partie. Mais nos créanciers commencent à se méfier et, sur les marchés, tout ce qui est allé très bas a tendance à remonter. C'est ce qu'on appelle un retournement.

1 Selon *Les Échos* du 9 novembre 2012, les tombées de dette française sur douze mois se montent à 281,3 Mds€.

Depuis plus de trente-huit ans, l'État français dépense trop et se finance par l'emprunt et par vos impôts. **L'emprunt n'est que de l'impôt différé dans le temps**. Les gouvernements se succèdent sans jamais avoir su réduire le poste des dépenses. Selon leur étiquette, gauche ou droite, ils se contentent d'augmenter plus ou moins les impôts, ce qui a pour effet d'augmenter plus ou moins notre endettement.

Parler de faillite, ce ne sont que des propos exagérés, pensez-vous, cela fait trente-huit ans que cela dure et cela peut durer encore quelques années. Pas tout à fait, car les signaux d'impatience de nos débiteurs étrangers se multiplient. La France a reçu de nombreux avertissements depuis le début de cette crise. La notation de l'État français a été dégradée en janvier 2012, puis en novembre 2012 ; ce même mois, le Fonds monétaire international, la Banque mondiale, l'Organisation mondiale du commerce, l'Organisation internationale du travail et l'OCDE – donc pas moins de cinq institutions – s'alarmaient de la trajectoire de nos finances publiques. Fin 2012, « la France va dans le mur » estimait un haut fonctionnaire de l'un de ces organismes cité par *Les Échos*[2] ; le quotidien allemand *Bild* titrait « La France sera-t-elle la nouvelle Grèce ? ». Selon *Die Zeit*, Wolfgang Schäuble, le ministre allemand des Finances, aurait demandé à une commission d'experts allemands de plancher sur des propositions de réformes économiques… pour la France. Enfin,

2 « Quand les institutions internationales jugent Paris », *Les Échos*, 7 novembre 2012.

l'hebdomadaire britannique *The Economist* consacrait un dossier à la France, « Bombe à retardement au cœur de l'Europe »[3].

Les Français n'aiment pas trop l'économie et encore moins les finances publiques, ils balaient ces critiques, qu'ils jugent exagérées. Pour mieux noyer le poisson vis-à-vis de l'opinion publique, tout est enrobé dans un charabia politique ou un jargon administratif rebutant. Mais l'État n'est pas différent de vous et moi : il a des recettes et des dépenses. Ses recettes, ce sont vos impôts.

Le vrai déficit est plus grave qu'on ne vous le dit

Le seul vrai ratio de déficit n'est pas celui de Maastricht, ce mythique 3 % dont on vous rebat les oreilles. Le véritable déficit est :

(Dépenses - Recettes) / Recettes

Si vous partez de là, la situation est effrayante. Selon le projet de loi de finances 2013 nous avons, en milliards d'euros :

(374,6 - 312,7) / 312,7[4]

soit 20 % de déficit.

Oui, 20 % et non pas 3 %. Le vrai déficit doit en

3 *The Economist*, n° 8811, 17 novembre 2012.
4 Projet-loi-finances-2013-plf-chiffres-cles.pdf, téléchargé sur le site du ministère des Finances en novembre 2012.

effet s'exprimer par rapport aux recettes fiscales. Un déficit présenté comme les dépenses de l'État non financées ramenées au PIB n'a aucun sens comptable.

En effet, l'État ne possède pas tout le PIB du pays. Il faut bien que nous autres, ses citoyens, nous puissions subvenir à nos propres besoins. Le déficit véritable est donc le rapport entre les dépenses non financées et les impôts. Ce déficit de 20 % représente donc 62 Mds€, soit :

- plus que l'impôt sur les sociétés (52,3 Mds€),
- presque la totalité de l'impôt sur le revenu (72,6 Mds€),
- presque la moitié des recettes de la TVA (141,4 Mds€).

Incapable de réduire ses dépenses, que va faire l'État pour essayer de continuer à honorer sa dette ? Il va faire ce qu'il sait faire, ce qu'il a toujours fait, lever des impôts ou même puiser directement dans votre épargne. Cette fois, ce sera main basse sur votre argent, car il faudra aller vite, très vite.

Mais, au fait, quelles sont les dépenses de l'État et pourquoi ne peut-il les réduire ? « Les hommes politiques savent ce qu'il faut faire. Mais ce qu'ils ne savent pas, c'est comment être réélus s'ils le font », analyse Jean-Claude Juncker, Premier ministre du Luxembourg en novembre 2012 dans les colonnes des *Échos*.

Les quatre gros postes de dépenses publiques

Les dépenses de fonctionnement : le train de vie de l'État et des collectivités locales, les salaires des fonctionnaires, l'entretien des bâtiments publics, etc.

Les dépenses de redistribution : tout ce que l'État-providence reverse en allocations diverses aux retraités, aux chômeurs, aux malades, aux familles, aux logements sociaux… Ces dépenses de redistribution représentent 30 % du budget des ménages.

La charge de la dette : les intérêts sur les prêts en cours. Ces prêts sont de 1 800 Mds€ au premier trimestre 2012. La charge de la dette s'élève à 47 Mds€.

Les dépenses d'investissement : elles n'existent pas réellement puisque le retour sur investissement ne vient jamais. Les hommes politiques aiment bien dire que notre pays emprunte pour investir ; mais, depuis trente-huit ans que la dette grossit, le retour sur investissement tarde à se manifester. Dans les faits, il s'agit de dépenses de fonctionnement ou de redistribution maquillées en investissement. Le retour sur investissement du dernier rond-point de votre municipalité est difficilement calculable ; en revanche, l'entreprise de travaux publics du beau-frère de votre député n'a pas licencié de personnel grâce à ce miraculeux contrat. La récente création de la Banque publique d'investissement n'est rien d'autre que de la redistribution à des entreprises – choisies par des fonctionnaires – d'impôts pris à toutes les entreprises. Dans la pratique, il s'agit aussi d'argent emprunté.

L'impossible réduction du train de vie public

Toute réduction des dépenses est politiquement suicidaire pour un gouvernement qui a été élu – comme tous ses prédécesseurs – sur des promesses de lendemains qui chantent.

Diminuer les dépenses de fonctionnement ? Ce sont les salaires des fonctionnaires (des électeurs). Par ailleurs, un fonctionnaire à la retraite coûte aussi cher qu'un fonctionnaire en activité. Il faut attendre que ce fonctionnaire décède pour que l'État réalise une vraie économie (et encore, la veuve a droit à sa pension de réversion). Diminuer les dépenses de fonctionnement est un travail de longue haleine qui demande bien plus qu'un mandat ou une législature pour commencer à porter ses fruits.

Diminuer les dépenses de redistribution ? Ce serait diminuer le budget des ménages. Pas franchement populaire, il y aurait là aussi des électeurs mécontents.

Diminuer les dépenses d'investissement ? Nous avons vu que ce poste n'est qu'une illusion comptable. En vous penchant sur le projet de loi de finances 2013, vous aurez la surprise de découvrir que la construction de prisons est considérée comme un investissement. Le gouvernement aurait ainsi réussi à gratter 1,2 Md€. Considérer la construction de prisons comme un investissement démontre l'ineptie de la comptabilité publique. Comment mesurer le retour sur investissement d'une prison ? Le travail forcé pourrait à la rigueur permettre de considérer une prison comme un investissement, mais cette peine a été supprimée, me semble-t-il. L'État a aussi « investi » dans Dexia en achetant en septembre 2008 pour 3 Mds€ d'actions à 9,9 € qui cotent quatre ans plus tard 0,09 €. Fin décembre 2012, il faut remettre au pot 5,5 Mds€. En réalité, l'État n'investit jamais puisque ses activités sont, comme nous le verrons plus loin, non lucratives.

Diminuer la charge de la dette ? En 2012, jamais les taux d'intérêts auxquels emprunte la France n'avaient été aussi bas, comme nous l'avons vu. En général, sur les marchés financiers, quand un extrême est atteint, la tendance inverse est toute proche. Les taux vont remonter. Dans la mesure où le gouvernement va trouver les marchés pour emprunter, c'est le marché qui lui dicte sa loi. L'autre mode de financement normal d'un État, ce sont les impôts qu'il lève et de cette façon les citoyens savent à quoi s'en tenir. Certains observateurs (aveugles ou naïfs) regrettent cependant le bon vieux temps où la Banque de France finançait les emprunts d'État en imprimant de l'argent puis s'en sortait par l'inflation en lésant les épargnants crédules.

Comment trouver rapidement de l'argent ?

Si l'emprunt devient difficile, pour trouver vite de l'argent, il faudrait donc soit augmenter l'impôt sur le revenu des deux tiers, soit doubler l'impôt sur les sociétés, soit majorer la TVA de 35 %. Dans un État de droit, tout ceci peut prendre du temps, car il faut amender la loi de finances et la faire voter. L'autre solution sera de geler votre épargne, de la réquisitionner, comme nous le verrons plus tard. Tout dépendra du niveau d'urgence.

Le niveau d'urgence sera déterminé par les marchés et subi par les hommes politiques. Passé 4 % de taux d'intérêt sur les emprunts d'État, la pyramide de dettes de l'industrie financière et de l'État se lézarde. Passé 6 %, elle s'écroule. C'est le FMI qui débarque et dicte ses règles.

Si nous étions la Grèce et que tout le monde vivait au noir, la situation pourrait peut-être revenir sous contrôle. Mais nous sommes déjà un des pays les plus fiscalisés au monde. Faire croire que les 20 % supplémentaires pour assurer le train de vie de l'État seront trouvés dans les poches des riches est stupide.

Le temps sera crucial. N'oubliez pas, **la dette n'est que de l'impôt différé ; l'État a préféré lever de l'argent au motif que les taux d'intérêt étaient faibles plutôt que taxer et se rendre impopulaire**. Mais l'heure des comptes approche. Les impôts les plus rentables, les plus vite levés, sont les plus simples, ceux qui frappent tout le monde, la TVA en premier lieu. Ce sera pour boucher les trous en urgence.

Dans un premier temps, l'État s'efforcera de ne répudier aucune dette vis-à-vis de ses créanciers étrangers, qui en détiennent plus des deux tiers selon l'Agence France Trésor. Mais il ne pourra pas payer tout le monde. Il lui faudra donc différer le paiement de la dette détenue par ses citoyens, les Français, vous. Pour un État, le créancier idéal a toujours été l'épargnant national. Mieux, **l'État va s'arranger pour que vous déteniez de plus en plus de sa dette**. En cas de défaut partiel – expression qui signifie qu'un État débiteur jette l'éponge et dit qu'il ne pourra pas tout rembourser –, vous ne serez pas un créancier prioritaire. Vous passerez après bien d'autres prêteurs étrangers et nationaux plus importants que vous (sans vouloir vous vexer). Vos intérêts viendront aussi après ceux de vos concitoyens qui ne sont pas créanciers de l'État mais au contraire débiteurs et profitent pleinement de son système de redistribution.

Nous vivons ce que les médias appellent une « crise de la dette ». D'une façon générale, les dettes doivent être :

- soit payées : dans ce cas tout est normal, personne n'en parle et pas la peine de gaspiller de l'encre et du papier ;
- soit répudiées : dans ce cas, cela fait du bruit dans le landerneau international et tout le monde en parle… avant d'oublier ;
- soit dissoutes dans l'inflation et la confiscation : dans ce cas, en dehors des citoyens dépouillés, personne n'en parle.

Nous allons entrer dans ce dernier cas, puisque

notre pays est incapable de revenir aux deux premiers. Pour être plus précise, nous allons rentrer dans un mélange de ces deux derniers cas. En effet, en faisant main basse sur votre argent, l'État n'aura fait qu'user d'expédients. Faute de réformes menées à temps, la faillite suivra.

Vous avez une assurance-vie en euros, un compte en banque avec des liquidités, un livret, une retraite à percevoir ? Vous êtes créancier de l'État français et votre argent va être pris en otage.

Je vous propose d'organiser votre résistance. C'est tout un programme. Il va falloir vous décaper mentalement et vous appuyer sur l'Histoire. Car, bien sûr, notre drame national n'est pas un cas isolé et toutes les bêtises ont déjà été faites par le passé. Je ne vous propose aucune arme imparable ; n'oubliez pas que l'État aura toujours la loi pour lui puisqu'il la forgera au gré de ses besoins ; l'État possède également le monopole de la « violence légale » que sont l'armée, la police et la justice. Évidemment, il n'est pas non plus question de vous faire basculer dans l'anarchie. Simplement, vous aurez un état d'esprit qui vous fera gagner un petit temps d'avance et d'organisation. Un petit temps précieux qui vous permettra de moins perdre que d'autres, moins prévoyants.

Vous vous sentez certainement désarmé face à l'État et face au bouleversement historique qui s'annonce : la fin de l'État-providence tel que l'ont connu deux générations entières. Mais vous verrez qu'en tant qu'individu vous n'êtes pas, malgré tout, dénué de certains pouvoirs en dépit de ce que veut vous faire croire la pensée dominante.

Il existe deux catégories d'économistes. La première école, très largement majoritaire, est interventionniste et se réclame de Keynes. Pour ces gens-là, l'État se doit de réguler les à-coups du capitalisme et du marché libre. Des hommes politiques ou des fonctionnaires sont jugés aptes à avoir une meilleure vision de la marche des affaires économiques que ceux-là même qui s'y activent concrètement sur le terrain.

La seconde école, minoritaire et mal connue, se réclame de l'économie autrichienne. Pour ces gens-là, l'économie est la résultante de milliards de décisions individuelles. Personne ne peut prétendre avoir une vision d'ensemble juste et encore moins prévoir toutes ces prises de décisions. La machine économique s'autorégule – certes, parfois avec violence car les bipèdes sont eux-mêmes violents et versatiles. Mais il ne sert à rien de vouloir intervenir puisque ce serait à mauvais escient, sans connaissance suffisante.

La première école pense que le bipède est aisément manipulable et se propose de le manipuler par l'incitation ou la coercition. La seconde école économique est humaniste et laisse une large place à l'indépendance, à la liberté, au libre arbitre et à la responsabilité. L'école keynésienne a démontré qu'elle était inefficace et nuisible puisque, de crise en crise, la situation s'aggrave au lieu de s'assainir. Mais cette école garde de nombreux adeptes, car elle donne un rôle important aux hommes politiques et aux technocrates.

Organisez votre résistance

Si vous pensez que d'autres sont plus aptes que vous à décider de choses importantes vous concernant, telles que votre future indépendance financière – comprenez la gestion de vos économies, de votre patrimoine, de votre niveau de vie à la retraite, de ce que vous souhaitez transmettre –, reposez ce livre et quittons-nous ici. Si, au contraire, vous pensez que chaque individu est *a priori* apte à bien gérer ses affaires personnelles pour peu qu'il puisse se forger une opinion claire, alors vous découvrirez que tout n'est pas perdu.

Les trois premiers chapitres de ce livre se veulent pragmatiques et proposent des réponses à la question « Que faire avec mon épargne ? ». Que peut-il arriver à vos comptes en banque et à vos dépôts ? Nous commencerons par nous pencher sur le système financier et sur les banques parce que la crise que nous vivons actuellement est une crise financière, qui est le type de crise le plus grave qu'ait à affronter le capitalisme. Mais ce n'est pas seulement une crise financière, c'est aussi la crise d'un mode de pensée qui s'appuie sur des croyances qui volent en éclats. Le XXIe siècle se construira sur les ruines de cette crise.

Ensuite, je vous parlerai de « répression financière », selon l'expression des économistes du Fonds monétaire international. Tel le sieur Jourdain de Molière, nous la vivons sans le savoir. Cette répression financière va gagner en intensité et en violence ; attendez-vous à des mesures surprenantes avec des effets rétroactifs ; vos livrets, vos contrats d'assurance-vie pourraient être pris en otage. Il vous faut comprendre les mécanismes qui sont en train de se mettre en place pour pouvoir les déjouer, identifier les indicateurs à surveiller et savoir prendre la porte de sortie à temps, c'est-à-dire retirer votre argent des endroits où il est en danger.

Enfin, il est nécessaire de vous organiser pour votre retraite, car l'État ne pourra pas assumer toutes ses promesses. Les jeunes pourront allègrement sauter ce passage, sauf s'ils veulent conseiller et aider leurs parents.

Dans chacun de ces trois cas, nous essaierons de trouver des parades, des esquives.

Les cinq chapitres suivants concernent plus un état d'esprit à adopter pour affronter au jour le jour une vie pratique qui va devenir difficile. Ils s'efforceront de répondre à la question « Comment m'organiser au mieux tous les jours pour conserver mon indépendance financière ? ». L'attitude mentale à adopter, comment déjouer les pièges qui nous seront tendus, probablement au travers de la monnaie, tels seront les sujets développés dans cette partie. Nous verrons aussi comment nous prémunir autant que faire se peut de l'inflation et comment gérer nos propres investissements dans un contexte fiscal qui va confiner à la persécution.

Alors, prêt ? Allons-y ! Pour le moment, ne retenez que trois points :

- L'État-providence est acculé à la faillite.
- Le dos au mur, il lui faut votre argent pour retarder cette échéance fatale.
- Il va falloir qu'il utilise des moyens expéditifs car le temps presse.

Allons, courage, tournez la page, ceci est le premier livre d'horreur financière, mais il vous sera utile.

2

Prenez le maquis des banques

« Nous ne pouvons pas vraiment prévoir parce que nous n'appréhendons pas le futur – mais ce n'est pas forcément une mauvaise nouvelle. Nous pouvons prévoir en gardant à l'esprit ces limites. Cela demande seulement des tripes. »
Nassim Taleb.[5]

Votre argent est vulnérable si vous le laissez dans une banque. Non pas tant parce que votre banque pourrait faire faillite, mais parce que votre argent pourra être pris en otage par l'État.

En effet, les grosses banques ne font pas faillite, elles sont renflouées par vous, contribuable, pour le compte de l'État. Les déposants du Crédit lyonnais ou de Dexia ont toujours leur argent, les pertes sont endossées par les contribuables qui « recapitalisent », c'est-à-dire qu'ils remettent de l'argent au pot pour permettre aux banques de poursuivre leur activité.

5 Auteur du *Cygne noir* (2007), Les Belles Lettres, 2008.

Voici un extrait de la convocation à l'assemblée générale extraordinaire de Dexia envoyée le 21 novembre 2012 sur les conséquences de la mort de cette banque. C'est un peu long et jargonneux, mais c'est important :

« **Un défaut du groupe Dexia rendrait exigible**, par l'effet de clauses de défaut croisé et d'accélération figurant dans les conditions des emprunts conclus par certaines entités du groupe, principalement par DCL, **la totalité de sa dette, soit environ 386,5 Mds€ au 30 septembre 2012, et les montants dus au titre de contrats de dérivés, soit un montant notionnel d'environ 605 Mds€ au 30 septembre 2012**. [...]

Un tel défaut menacerait la stabilité de l'ensemble du système financier européen. En effet, un défaut du groupe Dexia entraînerait un gel des actifs sur le court terme et affecterait la liquidité des marchés, avec un **risque important de contagion de la zone euro**, compte tenu de la taille de bilan du groupe, du montant particulièrement important de ses encours non sécurisés, du volume de contrats de dérivés conclus par certaines entités du groupe et des contreparties bancaires et de l'impact majeur de la vente par les entités du groupe de leur portefeuille obligataire sur l'évolution des marchés financiers à la suite de la dépréciation de la valeur des actifs obligataires en *mark-to-market*.

Un défaut du groupe Dexia déstabiliserait également les marchés de la dette souveraine, en ce compris ceux de la zone euro. En effet, les entités du groupe Dexia détenaient un portefeuille d'obligations souveraines de 20,049 Mds€ au 30 septembre 2012. La liquidation de ce portefeuille déstabiliserait les marchés secondaires, notamment de ceux de plusieurs États de la zone euro (plus de 70 % de ce portefeuille d'obligations souveraines étant liés à des États de la zone euro). Cela aurait des conséquences en chaîne considérables sur les marchés financiers. »[6]

Voilà ce que recouvre l'expression « trop gros pour faire faillite » et voilà pourquoi il vous faudra remettre inlassablement au pot. Car dans ces 1 000 Mds€[7] (ne chipotons pas) mentionnés au début, la Belgique, la France et le Luxembourg sont garants pour 70 Mds€. Le 21 décembre 2012, la France et la Belgique – c'est-à-dire l'internationale des contribuables – ont mis au pot 5,5 Mds€ pour éviter la catastrophe. Notez bien, cher lecteur, les 20 Mds€ de dettes souveraines en portefeuille de Dexia.

Vous avez un parfait exemple de la relation incestueuse banque-État : « Je te prends tes obligations souveraines, donc tu me sauves », côté banque. « Je t'ai sauvée donc tu vas me reprendre de mes belles obligations souveraines toutes fraîches », côté État.

Certes, vous ne risquez pas grand-chose en tant que client d'une grande banque, mais, lorsque la situation va se détériorer, l'État pourra limiter les retraits des

6 Dexia SA, convocation à l'assemblée générale extraordinaire du 21 décembre 2012, paragraphe 5.1.2.

7 386,5 Mds€ + 605 Mds€.

banques et interdire à l'argent de sortir du territoire, voire même prélever un impôt exceptionnel sur vos dépôts.

Pour comprendre le rôle très important que jouent les banques dans cette crise du crédit et de la dette et pourquoi l'État pourrait en arriver à ces extrémités, il faut nous pencher sur les relations incestueuses entre États, banques centrales et banques commerciales.

De la banque pour riches à la banque pour tous

Autrefois, jusqu'à la Seconde Guerre mondiale, la banque était un service réservé aux riches. Les gens modestes étaient en général libres de dettes, cette triste condition d'endettés étant plutôt l'apanage des nantis et des puissants.

La plupart des gens étaient payés en espèces, et même en espèces sonnantes et trébuchantes puisque la monnaie était de métal. Les travailleurs peu qualifiés étaient payés à la journée, les autres à la semaine. L'épargne était conservée chez soi, dans le mythique bas de laine ou dans une cachette quelconque. Les phénomènes d'inflation étaient assez rares, sauf dans les périodes de guerre, périodes durant lesquelles les gouvernements se livraient aux habituelles manipulations monétaires pour financer leurs velléités conquérantes.

La banque était donc un service réservé aux riches marchands, aux notables et aux puissants. Il s'agissait d'un service payant : le banquier conservait en sécurité l'argent de son client, assurait la tenue des comptes – entrées et sorties d'argent –, établissait les lettres de change et billets à ordres nécessaires aux déplacements ou affaires de son client. Les pauvres s'endettaient peu, les riches souvent plus, les empereurs, les rois et les princes énormément. La banque d'investissement était cependant embryonnaire et le monde tournait ainsi.

Les Peruzzi, les Médicis, les Fugger, qui finançaient les guerres et les folies impériales, royales ou princières, spéculaient avec leurs fonds propres sur les élections ; d'autres banquiers plus modestes finançaient les armateurs et grands marchands. *Le Marchand de Venise* de Shakespeare donne une assez bonne idée de cette finance d'autrefois. Permettez-moi de vous rafraîchir la mémoire.

Antonio est un riche marchand armateur dont tous les navires sont en mer. Son meilleur ami et protégé, Bassiano, a besoin d'argent. Mais Antonio n'a pas de liquidités car il a payé pour ses cargaisons qu'il attend. Ne voulant pas décevoir son ami, Antonio emprunte à l'usurier Shylock et accepte imprudemment de donner en caution une livre de sa propre chair. Les navires tardent… vents contraires ou peut-être une rencontre avec des pirates. Une rumeur arrive : les navires sont perdus, ont été coulés. Shylock va pouvoir faire jouer sa garantie et affûte son couteau…

Ne nous égarons pas, je vous laisse retrouver Shakespeare pour lever ce suspense. Cette histoire nous rappelle simplement qu'on ne trouvait pas une banque à chaque coin de rue, que la spéculation intéressait très peu de monde et qu'elle s'effectuait sur fonds propres et pas avec l'argent des déposants.

Votre banque n'a pas sous la main tout l'argent correspondant à vos dépôts

Tout a changé avec l'apparition de la monnaie-papier et surtout du système de réserves fractionnaires qui permet de faire circuler plus de papier que ce que la banque a en réserve. Tout d'abord le billet de banque à banque – qui évitait de déplacer de grosses sommes d'argent sous forme d'or – a fini par s'imposer en tant que monnaie. Il était bien plus efficace de mettre en circulation des morceaux de papier émis à partir d'une réserve de métal précieux, plutôt que le métal précieux lui-même. Puis les banquiers se sont aperçus que leurs clients ne venaient pas tous en même temps réclamer leur monnaie métallique. D'où l'idée des réserves fractionnaires : une banque pouvait émettre beaucoup plus de papier qu'elle n'avait de monnaie métallique en réserve.

Actuellement, dans la zone euro, la demande de monnaie – c'est-à-dire ce que les gens tirent réellement de leurs comptes bancaires sous forme de billets et pièces – se monte à 15 % des dépôts. Il ne vous a certainement pas échappé que votre banque n'appréciait pas que vous lui demandiez votre argent. Souvent, pour des sommes supérieures à 1 000 €, les grandes banques de réseau vous demandent de commander à l'avance votre argent. Le motif le plus souvent invoqué est que les agences n'ont pas d'espèces pour éviter les braquages et n'ont que le souci de votre sécurité, bien entendu. Mais elles ont en réalité une motivation bien plus importante : tout ce que vous leur retirez en espèces, c'est autant de moins qu'elles peuvent faire travailler à leur profit.

Comme nous le verrons plus tard, votre banque n'a sous la main, instantanément disponible, que 1 % de vos dépôts. Ce montant est en principe déposé à la Banque centrale européenne. Des retraits simultanés d'une intensité inhabituelle (le *bank run* ou panique bancaire) la mettent donc immédiatement en faillite.

Une banque est un marchand de crédits et de dettes

Une banque est un commerçant. Comme votre boulanger ou votre boucher, elle achète et vend une marchandise. Cette marchandise, ce sont les prêts. D'un côté, une banque a des engagements, les prêts qu'elle accorde, qu'elle vend. C'est ce que l'on appelle des actifs. De l'autre, elle a des fonds propres. C'est l'argent qui lui appartient en propre, qui est là pour payer les pots cassés si un prêt devient irrécouvrable parce que l'emprunteur est dans la panade. Combien une banque peut-elle prêter ? C'est là que vos dépôts interviennent.

La somme des engagements d'une banque ne doit pas dépasser un certain montant, qui dépend de deux choses : des dépôts que la banque a reçus et de ses fonds propres. Si une banque a 100 € de dépôts (votre argent), elle en dépose 1 €[8] à la Banque centrale et elle peut prêter 99 €. En fonction du risque de ses prêts, elle doit avoir des fonds propres pour couvrir la casse. La banque achète donc vos dépôts (car vos dépôts sont en réalité un prêt que vous lui faites) et vend des prêts. Comme votre boucher ou votre boulanger, elle a une marge de transformation : cette marge est la différence entre les dépôts qu'elle rémunère (ou pas) et le taux qu'elle demande pour le prêt qu'elle accorde. Plus le prêt est risqué, plus elle va demander un taux élevé et inversement, plus le prêt est sûr et l'emprunteur fiable, moins le taux demandé est élevé. Plus votre banque accorde de prêts risqués plus sa marge grossit. En contrepartie, plus elle accorde de prêts et plus ils sont risqués, plus elle est obligée d'avoir de fonds propres.

Vous avez déjà compris, cher lecteur perspicace, que votre argent intéressait votre banque, puisque plus vous en déposez plus elle peut prêter. D'où l'intérêt de la « bancarisation », horrible néologisme qui mesure le nombre de gens ayant accès aux services bancaires. Pour les banques, si tout le monde a un compte en banque et pas seulement les riches, cela fait plus de clients potentiels et plus de matière à prêter. Car, quoi qu'on veuille bien en dire, l'argent de quelques riches fait beaucoup moins de capitaux que l'argent du plus grand monde. Le taux de bancari-

8 2 € avant la crise. La diminution a été décidée début 2012 pour faciliter la survie des banques.

sation atteint aujourd'hui 99 % en France. Le montant des dépôts bancaires dépasse 1 850 Mds€, dont 1 130 Mds€ pour les ménages. Les riches – les 1 % qui ont le plus gros patrimoine – ne représentent que 18 % de la part de ce gâteau, si l'on en croit l'Insee[9]. Démocratiser la banque a donc fait affluer l'argent et les débiteurs potentiels dans le système financier. L'économie du crédit a ainsi pu se développer dans les années 1980, crédit immobilier et crédit à la consommation se sont généralisés, mais aussi – et c'est très important – le crédit à l'État.

L'État boulimique de la dette s'appuie sur les banques pour emprunter

Ce système d'économie du crédit est favorisé par l'État, lui-même gros consommateur de dette. En général, vous et moi calculons notre endettement en fonction de nos revenus, de nos ambitions, des risques que nous sommes prêts à assumer et de notre espérance de vie. Mais l'État est différent. Ses revenus, ce sont vos impôts, il a de grandes ambitions et il est immortel. Il lui faut donc des banques capables de lui prêter beaucoup d'argent pour assouvir ses grandes ambitions. Plus les banques ont de déposants, plus elles pourront prêter, et notamment à leur État de tutelle qui leur a donné l'immense privilège de la création monétaire. En affaires, il faut savoir renvoyer l'ascenseur.

9 Enquête n° 1380 de novembre 2011. On suppose que la répartition des richesses entre patrimoine purement financier est similaire à celle du patrimoine en général.

Le système est efficace. Certes, la collusion entre banques et pouvoir est très ancienne. Elle existait déjà du temps de la monarchie. Nous avons déjà parlé de la fortune des Médicis, des Fugger ou des Peruzzi, ces grands banquiers de l'Europe. On pourrait rajouter les Necker, les Rothschild… Mais le bilan de ces grandes banques de l'époque – qui n'engageaient que leurs fonds propres dans les mégalomanies royales et princières – n'avaient strictement rien à voir avec ce qui se passe de nos jours.

Les banquiers des rois avaient une puissance financière qui correspondait à 1,5 % de l'activité économique de leur époque (le PIB en jargon). Les banquiers de nos démocraties ont une puissance financière qui correspond à plusieurs fois l'économie de notre époque.

À l'apogée de leur puissance au XVe siècle, l'empire financier et commercial des Fugger disposait de 13 tonnes d'or pur, les Peruzzi d'un stock très modeste 147 kg[10]. Les Fugger faisaient la loi (financière) au sein du Saint Empire romain germanique, la zone euro d'aujourd'hui pourrait-on dire. Le PIB de l'Europe occidentale était à cette époque 198 fois inférieur[11] à celui d'aujourd'hui. Un lingot de 1 kg vaut 42 000 € environ. La fortune des Fugger pesait donc 546 M€ et celle des Peruzzi 294 000 € d'aujourd'hui, soit 1,5 % du PIB de leur époque pour les Fugger et

10 Philippe Simonnot et Charles Le Lien, *La Monnaie, histoire d'une imposture*, Perrin, 2012.

11 Angus Maddison, *The World Economy: Historical Statistics*, OECD, 2007.

un poids insignifiant pour les Peruzzi. Comparez ces chiffres aux milliers de milliards d'euros que manipulent actuellement les grandes banques commerciales européennes dont les engagements (les prêts) représentent plusieurs fois le PIB de la zone euro. À fin 2011, le bilan de BNP Paribas pesait 1 965 Mds€, celui de la Société Générale 1 181 Mds€. Par comparaison, l'activité économique française, le PIB, s'établissait à la même date à 1 997 Mds€ ; celui de la zone euro est de 9 400 Mds€.

La faculté d'endettement des empereurs et souverains de l'Europe se trouvait donc très limitée et par conséquent leur capacité de nuisance dans la poursuite de leurs ambitions aussi. En revanche, le système de réserve fractionnaire, l'usage généralisé de la monnaie fiduciaire et la captation des dépôts de tous les citoyens donnent des moyens financiers presque illimités à nos démocraties.

Cette captation des dépôts fait que tout le monde détient maintenant un compte en banque et non plus seulement les commerçants aisés et la bourgeoisie ; c'est un phénomène relativement récent. Jusqu'à la fin des années 1960, il était encore courant en Europe de payer les ouvriers en espèces une fois par semaine ou deux fois par mois. La paye était bue (comme le racontait Zola), jouée aux courses ou à la loterie, confiée à la mère au foyer..., mais ne transitait pas dans le système bancaire. En France, ce n'est qu'en 1967 que l'État impose la mensualisation de la paye et l'interdiction de payer en espèces les salaires au-delà d'un certain montant[12].

Le développement de l'économie du mauvais crédit

La généralisation de la bancarisation eut deux conséquences importantes : le développement de l'économie du crédit pour tous et la capacité pour les États de trouver facilement de plus en plus de souscripteurs à leurs emprunts. Les banques se sont retrouvées avec un énorme afflux de matière première (les dépôts) que le système de réserve fractionnaire multipliait encore. Un double effet de levier.

Le développement du crédit pour tous nous a progressivement habitués à dépenser l'argent du futur, l'argent que nous n'avons pas encore et que nous pensons que nous allons un jour mériter. Immobilier, travaux de l'habitat, cuisine, ameublement, vacances, ce que le conseiller financier de la banque de réseau appelle « vos projets », tout, ou presque, peut faire l'objet d'un crédit. En dépensant l'argent du futur, on a un sentiment de richesse, un sentiment dangereux. L'économie du crédit s'emballe et l'immobilier en même temps. Certes, comparés à d'autres, les Français ont encore un fort taux d'épargne – près de 17 % du PIB en 2011 –, mais l'économie du crédit est cependant devenue la norme et deux tiers des voitures s'achètent maintenant en empruntant.

12 Pascal Ordonneau, *La Désillusion, Abécédaire décalé et critique de la banque et de la finance*, Jacques Flament Éditions, 2011.

Parallèlement, l'État s'est mis lui aussi à l'économie du crédit et la dette publique n'a cessé de gonfler. Bien entendu, on a simplement oublié de prévenir les citoyens que cette dette publique était de l'impôt en devenir.

Dans ce genre de système, tout marche comme sur des roulettes lorsque l'économie est en phase d'expansion, que les affaires vont bien, que la population est jeune et active. Le particulier qui a consommé avec l'argent du futur s'en sort bien car ses revenus augmentent. L'État endetté affiche un PIB en hausse et personne ne va regarder si son tas de dette grossit plus vite que ses rentrées fiscales. Mais si par malheur une crise survient, l'avenir devient beaucoup moins rose. Les crises de désendettement sont les plus profondes, les plus longues et les plus douloureuses. La cigale prise au dépourvu lorgne alors sur les économies des fourmis.

Les ruses des marchands de dettes

Les financiers sont donc des marchands comme les autres. Nous avons vu qu'ils achètent et revendent de la dette et font des marges, comme votre boucher ou votre boulanger. La qualité de leur marchandise se mesure cependant différemment de celle du pain ou de la viande.

Aucun commerçant n'aime s'appesantir sur les défauts de ses produits. Il préfère en vanter les mérites. Quand la marchandise est douteuse, grande est la tentation de refiler vite fait le mistigri. C'est exactement ce que font les banques depuis le début de la crise de 2008 en utilisant différents procédés.

La qualité de la dette se mesure à son risque. Mais cette mesure varie dans le temps. Si l'emprunteur est dans une mauvaise passe, ce qui passait pour une bonne dette, avec une rémunération honnête, devient plus risqué, voire douteux.

La plupart des ratios dits prudentiels ou ratios de solvabilité, qui obligent les banques à provisionner de l'argent pour leurs risques, provenaient d'abord de l'expérience. Les banquiers ont vite appris qu'en cas de guerre ou de trouble les gens viennent plus nombreux réclamer leur argent que dans une période paisible et prospère. Avec le développement de la banque pour tous, l'État s'est penché sur la réglementation et impose des ratios minimaux. Dans la deuxième moitié du XXe siècle, les mathématiques financières se sont développées ainsi que des modèles de calculs de risque. C'est ainsi que l'application d'une loi statistique – dite loi de Gauss[13] – fut utilisée pour calculer les risques.

Cette méthode consiste à dire que plus la valeur d'un actif varie, plus cet actif est risqué. Ainsi, une action cotée en Bourse dont le cours varie entre 10 et 40 et dont le cours moyen s'établit à 25 est bien plus risquée qu'une autre dont le cours varie entre 20 et 30 et dont le cours moyen est également de 25. La vraie vie

13 Encore appelée « loi normale de distribution ».

est hélas un peu différente. Dans la vraie vie, un actif financier – comme une obligation, qui est une dette – peut très bien valoir 0 du jour au lendemain. Il suffit tout simplement que le débiteur ne puisse plus payer.

En fait, on applique une loi statistique à un champ impropre, celui du prix de quelque chose. Le prix n'est pas une « variable indépendante », comme l'exige l'application de cette loi. Le prix n'est pas comme le poids ou la taille de quelque chose, mesures qui ne dépendent pas du poids ou de la taille des autres choses qui coexistent. Ainsi, ce n'est pas parce que votre voisin de palier est obèse que vous êtes gros. En revanche, les prix sont liés et le prix que vous accordez à quelque chose dépend d'une infinité de paramètres. Certains de ces paramètres sont très subjectifs et notamment le prix que votre voisin – qui convoite la même chose que vous – accorde à cette chose. À la criée au poisson, les veilles de long week-end, la langoustine devient plus chère car tous les restaurateurs veulent pouvoir proposer des plateaux de fruits de mer aux touristes.

Sur ce calcul de risque erroné qui s'appuie sur la loi de Gauss, la finance est venue greffer une autre astuce : la titrisation. On regroupe les dettes en jolis petits paquets harmonieux et on les revend ainsi en panachant les risques. Qui n'a jamais découvert, une fois rentré chez soi, quelques fruits moisis au fond d'une très belle barquette de framboises appétissantes poussée en avant par le marchand de fruits et légumes ? Énorme avantage de ce système, la banque ne porte plus un mauvais prêt jusqu'à la fin. Elle a revendu le prêt, elle n'a donc pas besoin de provisionner de l'argent au cas où la dette ne serait pas honorée. Elle s'est débarrassée du risque.

Voilà que nos marchands de dettes sont maintenant bien ennuyés, car ils ont mal estimé leurs risques. En période faste, d'expansion de l'économie sous-tendue par la seule expansion du crédit, les imperfections sont facilement camouflables. Mais, en période de stagnation ou de récession, l'à-peu-près ne passe plus.

Par exemple, en période de récession, une entreprise qui s'endette pour se développer ne peut plus compter sur la croissance naturelle de son marché. Elle doit donc être meilleure que ses concurrentes pour leur prendre des clients. Le retour sur investissement devenant plus incertain, la dette de cette entreprise est plus risquée.

Plus nous nous enfoncerons dans la crise, plus les créances douteuses se multiplieront. Imprimer de l'argent et sauver des banques ne serviront à rien. Sauver les banques ne rend pas leurs créances plus saines et imprimer de l'argent sape progressivement la confiance du public dans les monnaies fiduciaires. Mais, plutôt que d'avouer simplement que certaines créances ne seront jamais recouvrées, que certains actifs seront détruits à jamais, les autorités préfèrent recourir à des artifices monétaires. Car il n'y a pas qu'un tas de dettes privées qui devient de mauvaise qualité, il y a aussi une montagne de dettes publiques. Tout l'enjeu consiste donc à refiler la patate chaude le plus habilement possible : à la Banque centrale européenne, à l'État, et surtout à vous.

Comment les épargnants espagnols se firent refiler la patate chaude

Voici, décrit par le *Wall Street Journal*[14], ce qui s'est passé en Espagne, ce que l'*establishment* politico-financier appelle pudiquement « faire payer les créanciers privés ».

Des épargnants espagnols ont vu leurs dépôts sur livret se transformer en « actions préférentielles » et « obligations subordonnées » émises par leurs banques en difficulté. Dans ce processus, un dépôt sans aucun risque est transformé à l'insu du client en action ou en obligation à risque. Bien entendu, ces placements ne valent plus rien puisqu'il faut trouver 100 Mds€ pour aider ces banques espagnoles qui ont déjà « emprunté » 412,6 Mds€ auprès de la BCE. 11 banques sur 19 ont ainsi refilé ces actifs douteux à des épargnants peu au fait des subtilités financières, qui étaient aussi leurs déposants.

« Novagalicia était particulièrement agressive pour placer ces produits. [...] Si un client avait 50 000 € d'économie, la banque essayait de lui vendre pour 50 000 € d'actions préférentielles », raconte le *Wall Street Journal*. Une cliente a découvert en août 2010

14 Édition du 9 octobre 2011.

que 36 000 € avait été pris d'un compte à terme pour être investis dans de la dette subordonnée de sa banque.

« Subordonnée » veut dire que le remboursement est subordonné à la volonté de la banque et d'autres prêteurs de payer. Le détenteur de cette créance passe après tous ceux qui n'ont pas de dette subordonnée, les créanciers dits seniors en jargon. Les intérêts versés pour les titres subordonnés sont supérieurs à ceux versés avec un titre senior, justement pour compenser ce caractère non prioritaire. Votre conseiller financier vous vante en général un titre « très sûr, monsieur Toutlemonde, c'est votre banque et nous avons des milliers de déposants qui nous font confiance », mais cependant très rémunérateur : « Ça va vous rapporter bien plus qu'un livret. » Face à un tel langage, « produit très sûr ET rémunérateur », votre sirène d'alarme intérieure doit immédiatement s'allumer.

Au fait, qu'y a-t-il vraiment dans les livrets, super livrets et comptes rémunérés ? À quoi est employé votre argent ?

Du livret de caisse d'épargne au livret A : un piège qui peut se refermer

Créé en 1818, au sortir des guerres de l'Empire, le livret de caisse d'épargne, puis livret A, offre aux personnes modestes une rémunération sans impôt et un dépôt garanti par l'État. C'est le tout début de la bancarisation, pourrait-on dire. Cet argent a d'abord servi à l'État pour purger les emprunts contractés lors des guerres de l'Empire, puis pour financer routes, canaux, voies ferrées. Mais assez vite (1894) naît la notion de « logement social » qui va ensuite absorber 80 % des dépôts. Désormais, ce sont les deux tiers du livret qui financent ces logements.

Le gouvernement Hollande en avait fait sa promesse de campagne : le plafond du livret A allait être relevé. En principe, chacun peut ainsi espérer mettre plus d'argent à l'abri des mains aux doigts crochus de Bercy. En pratique, Monsieur Hollande est assez habile : l'épargne est drainée entre les mains de l'État qui a ainsi à sa disposition 230 Mds€[15] (et 581 Mds€ en cumulant avec les livrets de développement durable). Cette somme échappe au circuit bancaire et irrigue la Caisse des dépôts et consignations. Cet établissement est à 100 % détenu par l'État, son directeur est nommé par le Conseil des ministres et le Président de la République signe le décret. Jean-Pierre Jouyet, ancien directeur adjoint de cabinet de Lionel Jospin, en est le directeur depuis le 18 juillet 2012. La Caisse des dépôts place un tiers de ces sommes – avec plus ou moins de bonheur – sur les marchés financiers. Sachant que beaucoup de livrets sont gonflés à bloc, leurs titulaires seront tentés de remettre au pot. Doubler le plafond permet au gouvernement de se créer un matelas d'argent facilement mobilisable en cas de besoin urgent pour faire face à une échéance. Car, à votre avis, quels sont les placements effectués par la

15 Chiffre de juillet 2012.

Caisse des dépôts ? Les emprunts d'État, pardi !

Vu de votre côté d'épargnant, à la fin 2012, votre livret vous rapportait 2,25 %, l'inflation officielle étant de 2,10 %. Vous percevez donc un fabuleux intérêt réel de 0,15 % annuel (2,25 - 2,10). Admettons pour simplifier que vous ayez 10 000 € sur votre livret A, vous avez donc droit à 225 € d'intérêts en fin d'année (15 € réels, en admettant que le chiffre d'inflation mesurée par l'Insee – un organisme gouvernemental – soit exact). Il n'est pas certain qu'il soit très avisé de remettre votre épargne entre les mains d'un État insolvable pour ne pas acquitter d'impôt sur un revenu de 675 € (en supposant que vous déposiez le maximum, soit 30 000 € si le plafond est doublé comme promis). Nous verrons dans le chapitre suivant que l'État est souvent allé se servir à la source – c'est-à-dire dans votre poche – lorsque les circonstances l'exigeaient.

Autres livrets : aucun intérêt !

Dans le cas des livrets et super livrets, votre banque a toute latitude d'employer l'argent comme elle le veut. Vous payez des impôts sur les rendements. Cependant, ne vous cassez pas la tête en calculs compliqués. Les banques vous attirent en vous proposant un taux très alléchant durant une première période en général courte (trois mois ou moins), puis un taux beaucoup plus bas. Lorsque vous aurez fait consciencieusement votre règle de trois, vous vous apercevrez que ce n'est jamais mieux que le livret A. Aujourd'hui, il n'y a pas un produit financier qui vous rapporte sans risque 3 % de rendement puisque les taux courts sont nuls. Supposez que le taux d'intérêt court soit à 5 %, un placement à 15 % comporte nécessairement un risque. Si on vous promet 3 % ou plus avec des taux courts à 0, il y a un danger. Donc oubliez, si vous ne voulez pas vous retrouver dépouillé comme les clients de Bankia. Les banques qui vous font ces promesses très alléchantes espèrent capter votre argent car elles ont un besoin désespéré de liquidités dans le cadre des nouvelles réglementations qui se mettent en place.

Alors que faire ? Débancarisez-vous !

Il n'existe pour un particulier aucune obligation légale d'avoir un compte en banque. Cependant, dans la pratique, les salaires de plus de 1 500 € doivent être versés sous forme de virement ou d'un chèque barré, c'est-à-dire que quelqu'un d'autre ne peut pas l'endosser et le porter à sa banque à votre place. Donc vos rentrées d'argent doivent nécessairement transiter par votre banque, mais ceci ne signifie pas qu'elles doivent s'y attarder.

Dans le sens des sorties, les paiements en espèces sont limités dans la mesure où vous réglez un professionnel. Si votre domicile fiscal est en France, vous ne pouvez pas régler plus de 3 000 € en espèces à un marchand ou une entreprise (et 15 000 € si votre domicile fiscal est hors de France). Signalons que, pour le marché de l'or, une loi de 2011 – qui n'a pas encore de décret d'application – interdit purement et simplement toute transaction en espèces. En revanche, dans le cadre d'une transaction privée, il n'existe aucune limite.

Pratiquement, donc, un compte en banque est indispensable ; il vous arrivera un jour ou l'autre de devoir faire des achats excédant 3 000 € et s'abonner à l'EDF sans compte bancaire tient de la prouesse administrative. Mais vous ne devriez faire de votre compte bancaire qu'un usage strictement minimal pour trois raisons :

- Lorsque la situation va se dégrader, vos dépôts peuvent être partiellement gelés, taxés, réquisitionnés, comme nous le verrons plus loin. L'accès à votre compte sera réglementé, les portes de votre agence seront peut-être fermées durant un certain temps et vous n'aurez peut-être pas non plus accès à votre coffre.

- Laisser le minimum nécessaire en dépôt sur votre compte courant empêche votre banque de s'engager dans de nouveaux prêts périlleux, notamment de souscrire aux emprunts d'État dont le taux est manipulé à la baisse.

- Vous allez réapprendre à dépenser en espèces, ce qui vous abritera des tentations d'achat compulsif et vous rendra bien plus averti de la hausse des prix. Il est plus facile de taper le code de sa carte de paiement que de sortir des billets.

Attention, il ne s'agit pas d'un appel au retrait des dépôts pour provoquer une panique bancaire, il s'agit simplement d'une hygiène financière de crise.

Je voudrais aussi vous éviter de culpabiliser sur le fait qu'en asséchant les banques on assécherait le financement des entreprises. Oui, il est vrai que, traditionnellement, le modèle des banques consistait à transformer de l'épargne courte (vos dépôts) en prêts à long terme (la nouvelle chaîne de production d'une biotech, par exemple, dans un monde idéal). Mais nous ne sommes plus dans ce système capitaliste. Nous sommes dans un autre système dans lequel la licence de création monétaire accordée aux banques – qui, avec 1 € de vos dépôts, sont autorisées à prêter 99 € d'argent qui n'existe pas – leur permet tout et n'importe quoi. Quant aux entreprises, si, au lieu de les écraser d'impôts et de charges, on leur laissait de la marge et de la trésorerie, beaucoup de celles qui gagnent de l'argent pourraient se financer sur fonds propres, investir et engager du personnel.

Fiche pratique numéro 1

Comment vous « débancariser » :
5 sages précautions que vous ne regretterez pas

Réapprenez à vivre avec des espèces. Retirez en début de mois ce qui est nécessaire à vos achats courants. Ce bon vieux réflexe a quatre vertus.

- Vous serez moins tenté par des achats compulsifs. Si vous partez au supermarché avec 100 €, vous dépenserez 100 € au lieu de vous laisser débiter 108,48 € ou 123,72 € en payant par carte.

- Vous serez averti sur la hausse des prix. Si toutes les semaines vous partez avec 100 € au supermarché et que vous devez vous priver de plus en plus, vous serez bien plus attentif que si vous tendez votre carte de crédit et qu'on vous débite 101 €, puis 102 €, puis 105 €. Lorsque vous lirez ensuite dans le journal que l'inflation pour esprit pur (hors alimentation et énergie) a atteint 2 % en rythme annuel, vous saurez à quoi vous en tenir. Mais, surtout, vous maîtriserez bien mieux votre budget et serez plus conscient de l'inflation réelle, celle que vous vivez au quotidien.

- Vous ne serez plus sollicité par des publicités importunes et vous aurez moins de tentations frivoles (comment désirer ce dont vous n'avez pas connaissance ?) puisque vos paiements sont anonymes.

- Certes, vous limitez la capacité de votre banque à prêter (à votre très modeste échelle d'individu, mais il faut un début à tout), mais vous limitez aussi la capacité de nuisance de l'industrie financière (relisez les déboires de Dexia en début de chapitre si vous avez encore besoin d'être convaincu).

Fractionnez vos dépôts dès que vous avez de

grosses rentrées (vente d'un bien immobilier, de votre outil de travail).

Ayez un **compte courant sur lequel vous ne laissez que l'argent nécessaire à vos prélèvements de vie courante**. Si vous avez autorisé le fisc à prélever vos impôts, sachez que vous avez donné à Bercy une autorisation illimitée dans le temps de prélever tout montant dans la limite de la provision de votre compte. Certes, les impôts doivent vous envoyer une alerte auparavant. Oui, vous pouvez réagir, contester et retirer votre autorisation. Mais cela vous contraint à une démarche active. N'oubliez pas que nous allons vivre des circonstances exceptionnelles et que ménager les contribuables ne sera pas la priorité de l'État.

Ayez **éventuellement un autre compte dans une autre banque d'un réseau différent pour l'argent que vous stockez à moyen terme**. Vous séparez ainsi votre épargne de l'argent de la vie courante.

Si vous avez un **compte titres**, ayez-le **chez un courtier ou au travers d'une société de bourse**, c'est leur métier. Une banque est une banque, chacun son métier. Vous n'achetez pas du poisson chez votre charcutier. N'oubliez pas également que la plupart des grandes entreprises proposent à leurs **actionnaires un régime dit « nominatif pur »**. Avec ce régime, l'entreprise sait que c'est vous qui êtes actionnaire. Votre identité est conservée dans les registres de l'entreprise. Vos actions ne sont plus dans le circuit bancaire. Bien sûr, ce régime n'est utile que pour les actions que vous entendez conserver durant plusieurs années. Vous bénéficierez également dans certains cas de privilèges (dividendes plus élevés, distribution d'actions).

Deux façons d'échapper à votre banque : le compte PayPal et la Veracarte

Le système de compte **PayPal** a été développé pour Internet. Il permet de recevoir ou d'envoyer de l'argent partout dans le monde (16 devises, plus de 92 millions de comptes ouverts dans 55 pays) de façon sécurisée : en donnant une fois et une seule votre numéro de carte bancaire, vous pouvez ouvrir un compte PayPal qui vous servira à acheter (ou créditer d'autres titulaires). PayPal est utilisé par les entreprises comme les particuliers et la société appartient à eBay.

PayPal vous permet d'entreposer sur votre compte sans plafond, et avec la possibilité de transférer jusqu'à 8 000 € de liquidités. Ainsi, vous mettez de l'argent très simplement hors du système bancaire et il reste totalement disponible.

Autre astuce, le principe de la **Veracarte** a été développé par le spécialiste français de l'achat et vente de pièces d'or en ligne, la société aucoffre.com. Le fonctionnement est simple : vous achetez de l'or en ligne et en confiez la garde (seulement la garde puisque vous en restez propriétaire) à cette société. Cet or vient créditer votre compte. Le montant au crédit de votre compte est calculé en fonction du cours de l'or au moment où vous faites cette opération. À votre compte est attachée une carte de débit Mastercard. Cette carte vous permet de faire retraits et achats partout dans le monde tant que votre compte est créditeur. À chaque achat ou retrait, votre masse d'or diminue en fonction du cours de l'or au moment de votre achat.

Exemple (dans lequel tous les chiffres sont arrondis pour une meilleure lecture) : vous avez mis 10 000 € sur votre compte Veracarte. À ce moment, le cours de l'or est de 1 300 € l'once, soit 40 € le gramme. Votre compte fait apparaître un crédit de 250 g d'or et donc 10 000 €. Deux mois plus tard, vous décidez d'acheter pour 1 000 € chez un commerçant. Le cours de l'or est de 1 400 € l'once, soit 43 € le gramme. Votre achat vous a donc coûté 23 g d'or (1 000 divisé par 43). Le nouveau solde de votre compte, cet achat déduit, est donc de 227 g d'or, soit 9 761 € (227 g à 43 €) alors que vous avez dépensé 1 000 €. Bien entendu, si au contraire l'or a entretemps baissé, votre achat vous coûtera plus cher que le prix affiché. Cependant, à la longue, en créditant et débitant régulièrement votre carte, vous vous affranchissez des fluctuations de court terme des cours de l'or pour ne capter que la tendance longue. Or, avec la « répression financière » que nous allons examiner dans le chapitre suivant, l'or est amené à s'apprécier. Pour rester en franchise de taxation des transactions sur l'or, ne dépassez pas 5 000 € mensuels d'achats ou retraits.

PayPal et la Veracarte ont en commun de vous proposer un système de paiement et de garde de liquidités en dehors de tout système bancaire. Dans le cas de la Veracarte, l'or est conservé en zone franche à Genève.

Stockez ce qui peut l'être

Avec vos liquidités, n'ayez pas peur de faire des stocks de produits non périssables, indispensables et susceptibles de se renchérir (voir chapitre 7 sur l'inflation). Vos stocks vous offriront le même rendement que le livret A (puisque l'inflation est officiellement au même niveau que la rémunération de ce livret et vos stocks aussi sont nets d'impôt !). Pensez-y la prochaine fois que vous remplissez la cuve à fuel de votre maison.

Après avoir vu l'arrière-cuisine des banques, je vous propose de nous pencher sur le menu de la « répression financière » à laquelle vous êtes actuellement mangé.

3

Résistez à la répression financière

« La répression financière est l'impôt
qui effacera la dette. »
Le Temps, juin 2012.

Vous ne le savez peut-être pas, mais vous vivez ce que les économistes appellent une « répression financière », une expression qui date de 1973 et du choc pétrolier. Il s'agit d'un arsenal de mesures qui permettent aux États de réduire le coût de leurs dettes en manipulant les marchés et leurs citoyens.

Il existe sur les marchés un seuil fatal de 6 %. À partir de ce taux d'intérêt sur la dette à 10 ans, les États appellent au secours : Irlande, Grèce, Portugal, Espagne, Italie. Le but de tous les gouvernements endettés touchés par la crise est de ne surtout pas passer au-dessus de ce taux. Pour y arriver, tous les moyens sont bons. Vous devez également conserver à l'esprit que tout le monde est en concurrence avec tout le monde. Dès que les marchés pensent que les perspectives d'un pays sont moins bonnes que celles des autres, ils délaissent ce pays. Moins de souscripteurs pour la dette nationale, cela signifie que les taux montent et que la spirale fatale commence.

Dans le système des économistes keynésiens, la vie économique est rythmée par le taux directeur. Ce taux directeur est fixé par une banque centrale et correspond à un taux d'intérêt à court terme. Quant à la population, elle se résume à deux groupes, le rentier (qui est aujourd'hui essentiellement le retraité) qui ne prend aucun risque et l'entrepreneur qui prend des risques. Typiquement, le rentier est en France celui qui a un livret A gonflé à bloc et un fonds d'assurance-vie en euros. Le revenu du rentier est égal au taux directeur et les prêts consentis à l'entrepreneur sont supérieurs à ce taux. Le tarif demandé dépend du risque : plus c'est dangereux, plus il coûte cher d'emprunter.

L'art du banquier central : vous euthanasier avec son taux directeur

Le banquier central a donc un gros levier, le « taux directeur », et un cadran de contrôle, la « croissance du PIB ». Le PIB[16] est assimilé – à tort – à une croissance de la richesse, donc à la rentabilité moyenne globale de l'économie. Ceci suppose que toute activité est nécessairement source d'enrichissement, ce qui n'est évi-

16 Le PIB est une somme de dépenses : celles des ménages, les investissements des entreprises, les dépenses publiques, et les exportations nettes (ce que les étrangers nous achètent). Le PIB incorpore donc les dépenses financées par la dette.

demment pas le cas. Imaginons une croissance à 3 % et un taux directeur à 5 %. Personne n'emprunterait puisqu'il faudrait emprunter au-dessus de la rentabilité moyenne. Supposons maintenant une croissance à 5 % et un taux directeur à 0 %. Tout le monde emprunterait pour faire n'importe quoi, puisque *a priori* tout prêt deviendrait rentable. L'argent s'investirait mal, des bulles se créeraient.

Donc un bon banquier central a un cadran de contrôle à regarder, un levier à monter ou baisser, et tout va bien. Les investisseurs investissent, les épargnants en ont pour leur argent, les consommateurs consomment et l'économie ronronne. Vous y croyez, vous ? Non, bien entendu, la vraie vie n'est pas si simple et cette théorie économique est totalement présomptueuse, comme l'avait analysé Friedrich Hayek, économiste et prix Nobel. La réalité est beaucoup plus compliquée et l'économie résulte de milliards de décisions individuelles. « La raison humaine ne peut ni prévoir ni modeler délibérément son propre devenir. Ses avancées consistent à déceler les endroits où elle s'est trompée. »[17] Pour l'école autrichienne d'économie, la manipulation keynésienne ne peut que conduire à des catastrophes. C'est bien ce que nous constatons.

Cependant, corrigeant une erreur par une autre plus grosse, le dirigisme se poursuit et nous voilà donc plongés dans la répression financière dont le but est d'éviter l'explosion des taux. Voici ce qu'en disent

17 Friedrich Hayek, *La Constitution de la liberté*, Éditions Litec, 1996.

Carmen Reinhart, Jakob Kirkegaard et Belen Sbrancia, trois économistes du Fonds monétaire international[18] : « L'un des principaux objectifs de la répression financière est de maintenir les taux d'intérêt nominaux à un niveau plus bas qu'ils ne le seraient sur un marché concurrentiel. Toutes choses égales par ailleurs, cela réduit la charge d'intérêt de l'État. [...]

Il y a répression financière quand un gouvernement prend des mesures pour **orienter au profit de l'État des fonds qui, en l'absence de réglementation du marché, iraient ailleurs**.

Ces mesures sont les suivantes :

- obtention par l'État de prêts préférentiels auprès de publics intérieurs captifs (tels que les fonds de pension ou les banques nationales) ;
- plafonnement explicite ou implicite des taux d'intérêt ;
- réglementation des mouvements de capitaux transnationaux et (en général) liens plus étroits entre l'État et les banques, par une participation publique explicite ou par une lourde **pression morale**.

Parfois, la répression financière s'accompagne de l'imposition de réserves obligatoires relativement élevées, de taxes sur les transactions boursières, de l'interdiction des ventes d'or ou du placement de montants

18 « Retour de la répression financière », *Finances et Développement*, juin 2011.

élevés de titres non négociables de dette publique. **Elle fait aujourd'hui partie de la réglementation macro-prudentielle, qui vise à préserver la santé du système financier tout entier.** »

En langage simple, les autorités manipulent le marché pour faire baisser les taux, quitte à forger les règlements qui le permettront. De 2008 à 2012, nous avons subi les mesures les moins contraignantes et les moins visibles de cette répression :

- Des taux d'intérêt très faibles pour rémunérer votre épargne, inférieurs ou tout juste égaux à l'inflation. Le rendement réel de l'épargne (taux d'intérêt diminué de l'inflation) devient donc nul ou négatif.

- Le placement des emprunts d'État auprès des grandes banques commerciales qui ont été priées de souscrire aux emprunts de leur État salvateur selon la règle du renvoi d'ascenseur : nous vous avons sauvées, donc prière de passer à la caisse. Les banques vous les revendent ensuite dans vos « produits d'épargne ». Même le malheureux Fonds de réserve des retraites est prié de souscrire aux obligations françaises (qui ne rapportent rien), comme nous le verrons plus tard. Ces manœuvres nous rendent, nous autres citoyens, acheteurs forcés de dette nationale. Enfin, la mise en place de la réglementation de Bâle III oblige les banques à détenir beaucoup de dette publique puisque, bien sûr, ces actifs financiers sont réputés sans risque. En général, les règles sont en retard d'une crise et Bâle III n'échappe pas à cette fatalité. Le régulateur a analysé que la crise du crédit *subprime* était due à une mauvaise estimation et gestion des risques des capitaux des fonds propres. Le rapport entre le montant des fonds propres et le montant des engagements (prêts) d'une banque a donc été revu à la hausse. Bien entendu, les emprunts d'État sont classés comme à risque nul. Lorsqu'une banque souscrit à un emprunt d'État, elle n'a donc aucun argent à mobiliser pour parer à la casse. Elle est ainsi incitée à favoriser les emprunts d'État, même à rendement presque nul.

« Qui sont les victimes de cette répression financière ? Ceux qui ont des capitaux à investir : épargnants, assureurs et fonds de pension. On organise ainsi un grand transfert des épargnants vers les endettés. Les nouvelles réglementations bancaires et d'assurances (Bâle II et Solvency II) y participent, qui dissuadent banquiers et assureurs d'investir en actions et les encouragent à acheter des titres publics »[19], dénonce Denis Kessler, P.-D.G de l'assureur Scor. L'argent de votre épargne est ainsi dirigé vers le débiteur chronique qu'est l'État.

Selon nos trois économistes du FMI et compte tenu de la dramatique évolution depuis 2011 (toujours plus de dette et toujours pas de croissance), nous devrions maintenant subir des mesures encore plus contraignantes : « La répression financière, qui a le double ob-

19 Interview parue dans *Les Échos* du 15 octobre 2012.

jectif de maintenir bas les taux d'intérêt et de **créer ou préserver des publics intérieurs captifs**, continuera d'avoir le vent en poupe et, selon toute probabilité, le tableau que nous venons de décrire n'est que la partie émergée d'un gigantesque iceberg. »[20]

Les mots clés sont ici « publics intérieurs » et « captifs » : souvenez-vous qu'un État ne fait pas faillite lorsqu'il ajourne le remboursement de la dette détenue par ses propres citoyens.

C'est une des clés de ce livre.

Pour reculer l'heure de sa faillite, la France va retarder au maximum le moment où elle va léser ses créanciers étrangers. **Le gouvernement va chercher à transférer ses dettes sur ses citoyens résidents – vous et moi – puis il les reniera et vous n'aurez aucun recours légal.**

« La dette souveraine n'est plus gérable en mode "marché", elle va passer en mode "administré". Cela ne sera pas sans conséquence pour votre épargne. [...] Ce ne sont pas tant nos liquidités qui vont être rationnées... encore que... si ça tourne vraiment mal on ne peut pas l'exclure. Mais, plus sûrement, c'est notre épargne longue (assurance-vie, fonds de pension, et bien des formes de placements collectifs aux noms variables selon les pays) qui risque d'être corralisée, parquée dans des enclos à créances souveraines

20 Carmen Reinhart, Jakob Kirkegaard et Belen Sbrancia, « Retour de la répression financière », *Finances et Développement, op. cit.*

dont nous ne pourrons sortir qu'à petites doses, une fois tondus »[21].

Financièrement, sur les marchés, l'euro n'existe déjà plus. Vous pouvez le constater de deux façons. En premier lieu, des pays comme l'Allemagne, la France ou l'Italie empruntent à des taux très différents. Aux États-Unis, la Californie ou l'Ohio empruntent au même tarif. Ce n'est qu'au niveau des *Muni Bonds* (les emprunts émis par les municipalités américaines) qu'il y a une différence. Le dollar est la monnaie de tous les États des États-Unis. En revanche, l'euro est une « union monétaire », mais tout le monde n'est pas logé à la même enseigne.

Cependant, il y a plus grave. Avant la crise, les banques ne se souciaient pas trop du pays émetteur des obligations qu'elles achetaient. C'est ainsi que le Crédit agricole avait de la dette grecque ou que la Deutsche Bank avait de la dette irlandaise. Les taux étaient presque équivalents puisque la confiance régnait et peu importait que le titre soit émis par l'Espagne ou par la Belgique. Maintenant, ce n'est plus le cas. Les banques se méfient et la dette retourne vers son pays d'origine. Pour la plupart des États, il devient de plus en plus difficile de placer ses obligations à l'étranger.

21 Henri Regnault, professeur d'économie à l'université de Pau, *Journal de Crise*, n° 16.

Évolution de la détention de la dette souveraine par les banques nationales (en Mds€)

Pays des banques	Détention de dette nationale au début 2012	Détention de dette nationale à fin septembre 2012	Évolution en %
Allemagne	300	330	+ 10
France	220	255	+ 16
Espagne	175	250	+ 43
Italie	250	355	+ 42

Source : L'Agefi, *22 novembre 2012.*

Ces chiffres vous montrent que, lorsque le pays est en difficulté, la dette émise par son gouvernement revient dans les banques de ce même pays. C'est la manifestation de la relation incestueuse entre banques commerciales et leur État qui apparaît ici. À la fin de l'année 2012, les banques domestiques espagnoles détiennent les deux tiers de la dette espagnole[22]. En 2013, l'Espagne devrait avoir besoin d'émettre 104 Mds€ d'obligations souveraines (dont 44 Mds€ d'émissions brutes, 60 Mds€ servant à « rouler » de la vieille dette, c'est-à-dire à emprunter pour rembourser les emprunts précédents). **Faire sauver les banques espagnoles par la Banque centrale européenne, c'est aussi sauver l'État espagnol de la faillite.**

Un État fait faillite (ou, plus techniquement, est en défaut de paiement) lorsqu'il ne peut rembourser ses créanciers étrangers. Lorsqu'il ne fait que renier des

22 *L'Agefi Hebdo*, 20 décembre 2012.

engagements pris auprès de ses propres citoyens, un État n'est pas officiellement en faillite et, selon le principe de non-ingérence, le reste du monde se contente de regarder ailleurs. Ce qui se passe à l'intérieur des frontières n'est pas du domaine du défaut de paiement, mais bien du domaine de la politique intérieure.

Ne laissez pas votre argent se faire prendre en otage

Pour prélever plus d'argent, il faut d'abord l'empêcher de fuir. C'est le rôle de la politique de contrôle des changes et des capitaux. Une fois que l'argent ne peut plus sortir du pays, il devient plus facile pour l'État de prélever ce dont il a besoin dans l'urgence par des moyens expéditifs : gel de l'épargne et emprunts forcés en interdisant en parallèle toute fuite possible vers l'or ou d'autres monnaies.

La politique de change et de contrôle des capitaux d'un pays est révélatrice du degré de liberté et de richesse de ce pays. Lorsque l'État n'a pas de souci financier et que la monnaie est forte, l'argent circule sans aucune restriction et les citoyens jouissent librement de ce qu'ils ont légitimement acquis.

Voyez les pays riches à monnaie forte, vous y entrez et sortez avec ce que vous voulez comme argent ou devises, sans limitation de montant. Sur place, personne ne vient vous chercher des poux dans la tête si vous décidez d'avoir un compte dans une devise étrangère. Chez les commerçants, dans les endroits touristiques, la monnaie étrangère courante est acceptée sans difficulté. Bref, l'argent n'étant pas un problème, les contraintes sont faibles.

En examinant les contraintes monétaires, vous pouvez même classer les régimes politiques selon leur degré de dictature ou de totalitarisme. Liberté et propriété sont indissociables. Quelqu'un qui ne peut être propriétaire de rien ne peut être libre. Le déni de propriété est la base de l'esclavage puisque l'individu se voit confisquer le fruit de son propre travail ou de ce qu'il a légitimement acquis. L'argent et la monnaie constituent le socle de la propriété. Si un individu ne peut circuler qu'en laissant tout ou une part substantielle de sa propriété – son argent – derrière lui, il n'est plus libre.

Les cinq niveaux de liberté

Niveau 1 : la liberté sans entrave

Dans ces pays, n'importe qui peut entrer et sortir avec ce qui lui appartient légitimement. Ces régimes tendent à se raréfier avec la crise. Parfois même la crise conduit à des politiques paradoxales. Ainsi, certains pays émergents comme le Brésil, submergés par l'arrivée de capitaux en dollars ou en euros cherchant à trouver un meilleur rendement que des taux d'intérêt quasi nuls, ont dû imposer une taxe à l'entrée. D'habitude, les pays sont plutôt contents d'accueillir les investissements étrangers, mais là, c'était une dangereuse déferlante qui menaçait ces nations d'une poussée d'inflation. Bien entendu, dans les pays surendettés, les restrictions s'appliquent aux sorties.

Niveau 2 : la rançon à la sortie. Vous êtes ici !

Si vous voulez partir, il faut vous acquitter d'un droit. Nous sommes déjà à ce niveau avec l'*exit tax*. Une première tentative de cet impôt avait été jugée en 2004 incompatible avec la liberté d'établissement prévue par le droit européen. Mais, en avril 2012, le gouvernement français réussit enfin à faire passer une première mesure qui taxe les plus-values. Admettons qu'en 2013 vous décidiez de vous installer hors de France. Vous avez un portefeuille boursier que vous transférez. Vous devrez vous acquitter de l'impôt sur plus-values latentes (que vous n'avez pas encaissées donc puisque vous n'avez pas vendu) de vos titres. Pour le moment, cette *exit tax* ne frappe que les gros actionnaires ou les gros portefeuilles. Mais on sait qu'en matière fiscale le plafond est une surface mobile qui a tendance à se rapprocher dangereusement du plancher des vaches au fil du temps.

Niveau 3 : limitation de la convertibilité de la monnaie et contrôle des changes

C'est un niveau dangereux. À ce stade, il vous est légalement interdit d'avoir hors des frontières plus d'une certaine somme d'argent ou bien les sommes que vous pouvez changer dans une autre monnaie sont limitées.

Dans la mesure où l'euro tient, nous pourrons peut-être échapper au contrôle des changes, mais certainement pas au contrôle des capitaux. C'est une situation que la France a déjà connue en mars 1983, sous le gouvernement Mitterrand-Mauroy, avec même l'instauration d'un carnet de change. Pour l'année entière, chaque citoyen ne pouvait sortir que 2 000 francs en devises et 1 000 francs en billets français.

Niveau 4 : inconvertibilité de la monnaie mais fuite possible

Sous ces régimes autoritaires, vous pouvez partir si vous n'êtes pas content, mais sans votre argent puisque la monnaie n'est pas convertible. Cette politique permet de dissuader les candidats à l'exil, ce qui est bon pour l'image du régime. Rappelons que la Chine des « camarades capitalistes » se situe à ce niveau puisqu'une partie de la monnaie continentale n'est pas convertible. L'argent des citoyens qui investissent à l'étranger proviendrait donc de la corruption et du marché noir.

Niveau 5 : inconvertibilité de la monnaie et sortie du territoire impossible

Sous ces régimes totalitaires féroces, les frontières sont bouclées pour l'argent comme pour les malheureux bipèdes. Heureusement, depuis la chute du mur de Berlin, le niveau 5 s'est considérablement raréfié.

La France est au niveau 2 et s'apprête à accéder au

seuil peu enviable du niveau 3. Bien entendu, ces mesures liberticides seront prises pour notre plus grand bien, pour le salut national et… celui de nos banques.

Le cauchemar des banques : la panique ou *bank run*

Que se passe-t-il lorsqu'un pays commence à être en difficulté ? Les dépôts s'en vont. Ceux des étrangers d'abord, puis ceux des ressortissants. C'est ce qui s'est passé en Irlande, en Grèce, au Portugal, en Espagne et en Italie. Que font les autorités pour contenir l'hémorragie ? Elles limitent les retraits.

Les dépôts se retirent des banques, mais vous ne verrez pas de files d'attente de déposants se présentant aux guichets ou aux distributeurs de banques automatiques pour retirer des espèces. Tout au moins pas dans un premier temps. Il s'agit plutôt de virements vers un autre établissement bancaire, à l'étranger, car les déposants craignent la faillite de leur banque. Le cas de la Deutsche Bank au Portugal est édifiant. C'était initialement une banque de droit portugais sous contrôle de la Banque centrale portugaise. « Quand les choses ont commencé à aller mal pour le Portugal, la Deutsche Bank a changé de statut pour n'être plus qu'une simple représentation commerciale de la banque allemande de façon à dire aux Portugais déposants : “Nous sommes seulement une vitrine… si la zone euro explose, vous aurez des Deutsche Mark.” Cela sert même d'argument commercial. »[23]

23 Olivier Delamarche, président de Platinium Gestion sur Media Investigation.

Les premiers retraits sont réalisés par les initiés, les banquiers eux-mêmes. Les grandes banques françaises ont retiré sans pitié leurs dépôts de chez leurs consœurs latines en difficulté. De la même façon, les banques allemandes avaient rapatrié leur argent des banques irlandaises au début de la crise. Les banques britanniques ont également joué un rôle très important en asséchant littéralement les pays périphériques et en transférant leurs avoirs en euros en Allemagne[24].

En Grèce, les dépôts bancaires ont fondu de 56 %. Ils ont culminé à 250 Mds€ en 2009 pour atteindre 160 Mds€ en 2012. Au Portugal, en Irlande et en Espagne, le déclin est sensible en 2011. Pour ce dernier pays, les dépôts sont passés de 1 800 Mds€ à 1 600 Mds€[25]. Depuis, la situation se détériore moins vite, mais la confiance n'est plus là.

Le *bank run*, la fuite des dépôts, est donc d'abord sournois, il provient des initiés et aucune queue dans la rue ne vous alertera. Mais lorsque les banques victimes d'un *bank run* tirent les sonnettes d'alarme de leurs autorités, la réaction est rapide : limitation des retraits. Simple déposant, vous serez pris dans la tourmente. En Italie, de telles limitations des retraits bancaires sont déjà en vigueur et des mesures de surveillance renforcée de la frontière avec la Suisse viennent d'être discrètement ordonnées, qui mettent la Guardia di Finanzia en première ligne. Les paiements en espèces

24 Banque des règlements internationaux, *BIS Working Paper*, n° 393, décembre 2012.

25 *L'Agefi Hebdo*, 29 septembre 2012.

sont plafonnés à 1 000 € et les commerçants sont dans l'obligation de révéler l'identité de leurs clients au-delà de 3 600 € d'achat. La fausse déclaration fiscale est désormais un crime !

Le gel de vos contrats d'assurance-vie dans le collimateur

Sachez que l'arsenal législatif existe déjà pour que les compagnies d'assurance – qui détiennent de gros portefeuilles d'obligations souveraines libellés en euros au titre des contrats d'assurance-vie – puissent bloquer les sorties. Ces compagnies ont trois problèmes :

- Elles sont confrontées à une décollecte. Les gens retirent de l'argent de leur contrat, la rentabilité étant devenue dérisoire. Par ailleurs, les déposants vieillissent et tirent sur leur épargne une fois à la retraite. L'argent ne rentre donc plus comme avant et la différence entre les versements et les retraits est négative[26].
- Elles ont eu à encaisser des pertes sur leurs portefeuilles obligataires (obligations souveraines et obligations bancaires) avec les difficultés de la Grèce, de l'Irlande, du Portugal, de l'Italie et de l'Espagne. Dans la mesure où les demandes de remboursement sont d'un montant supérieur à l'argent rentrant, elles sont obligées de matérialiser ces pertes en vendant.

26 Plus de 14 Mds$ sur douze mois de septembre 2011 à août 2012 selon *L'Argus de l'assurance*.

- En novembre, l'agence Moody's a dégradé la France, lui retirant la note de crédit maximale. Dix mois plus tôt, Standard & Poor's avait fait de même. Avec deux agences sur trois[27] ne lui accordant plus la meilleure note, les obligations françaises ne sont donc plus AAA. Réglementairement, cela veut dire que les assureurs et les banques devraient augmenter les fonds propres, l'argent qui est vraiment à eux et qui sert à payer les éventuelles pertes, pour compenser la baisse de la note française.

Si les taux commencent à remonter, ce sera la ruée vers la sortie. Pour empêcher un mouvement de masse qui entraînerait les assureurs à la faillite, il est prévu que les contrats puissent être gelés en cas de force majeure.

Article L612-33 du code monétaire et financier

Entré en vigueur le 24 octobre 2010

Lorsque la solvabilité ou la liquidité d'une personne soumise au contrôle de l'Autorité ou lorsque les intérêts de ses clients, assurés, adhérents ou bénéficiaires, sont compromis ou susceptibles de l'être, l'Autorité de contrôle prudentiel prend les mesures conservatoires nécessaires.

Elle peut, à ce titre :

27 La troisième agence qui fait la loi dans ce domaine est Fitch.

1° Placer la personne sous surveillance spéciale ;

2° Limiter ou interdire temporairement l'exercice de certaines opérations par cette personne, y compris l'acceptation de primes ou dépôts ;

3° **Suspendre, restreindre ou interdire temporairement la libre disposition de tout ou partie des actifs de la personne contrôlée** ;

4° **Ordonner à une personne mentionnée aux 1°, 3° et 5° du B du I de l'article L612-2 de suspendre ou limiter le paiement des valeurs de rachat, la faculté d'arbitrages, le versement d'avances sur contrat ou la faculté de renonciation ;**

5° Prononcer le transfert d'office de tout ou partie du portefeuille des contrats d'assurance ou de règlements ou de bulletins d'adhésion à des contrats ou règlements des personnes mentionnées aux 1°, 3° et 5° du B du I de l'article L612-2 ;

[...]

L'article L612-2 précise quant à lui les personnes morales qui relèvent de la compétence de l'Autorité de contrôle prudentiel. Dans le cas qui nous intéresse, ce sont toutes les banques et entreprises d'investissement autres que les sociétés de gestion de portefeuille, les assureurs et les institutions de prévoyance.

Autre précision importante sur ce sujet. Si vous avez un contrat en « unités de compte », c'est-à-dire qui comporte des actions, vous n'êtes pas sauvé pour autant. En effet, vous ne possédez pas les actions ou parts de fonds de votre contrat. Vous possédez une créance sur votre assureur à hauteur de la valorisation de votre contrat. C'est complètement différent. Si vous assureur est en faillite, vous serez un créancier comme les autres.

En cas de violente remontée des taux, le gel de votre contrat est très probable. **Le seuil de 4 % pour l'OAT (obligation assimilable du Trésor) à dix ans est le niveau critique pour la solvabilité des assureurs.** À la fin de 2012, nous étions très loin de ce niveau puisque le rendement de l'OAT était d'à peine 2 %. Mais dès que le marché perd confiance, les taux remontent très vite, en moins de trois mois, comme cela s'est produit en Espagne et en Italie.

L'interdiction des ventes d'or et la possible confiscation de l'or

Parmi les autres mesures possibles de répression financière figure l'interdiction des ventes d'or. Dans cette crise économique, financière et très bientôt monétaire, l'or regagne de son lustre et est considéré comme un rempart contre les taux d'intérêt réels négatifs. En effet, l'or ne rapporte rien, mais les obligations des États non plus. En revanche, l'or est un véritable actif qui ne vaudra jamais zéro, tandis que les obligations souveraines sont une reconnaissance de dettes qui ne vaut que si l'État peut (ou veut) payer.

Bref, l'or fait de l'ombre aux dettes d'État que les gouvernements veulent désespérément placer. L'or agace.

Évolution depuis 2005 de l'or en dollars (trait plein) et en euros (trait gris)
moyenne mensuelle du *fixing* de Londres

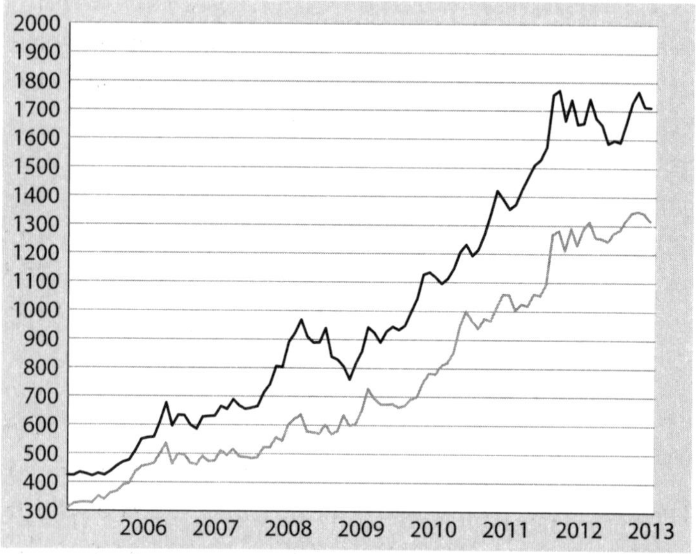

La confiscation ou l'interdiction de l'or a presque toujours été le signal de l'agonie d'une monnaie papier. Toutes les interdictions de marché de l'or se sont toujours soldées par l'émergence d'un marché noir florissant, mais cela ne dissuadera pas pour autant les autorités d'entraver ce marché de la monnaie alternative, un des seuls abris possibles en cas d'inflation et même d'hyperinflation.

Vous vous demandez peut-être quand l'inflation et l'hyperinflation pourraient se manifester pour punir des années de création monétaire débridée. Patience et rendez-vous aux chapitres 6 et 7. Pour le moment, je voudrais aborder le sujet sensible de la confiscation de l'or privé. Marc Faber[28], un célèbre analyste suisse, déclara en novembre 2012 au cours d'une conférence[29] : « Si l'or est possédé par une minorité, en cas de crise, le gouvernement le confisquera. » Marc Faber met le doigt sur un point clé : plus l'or est disséminé, entre des mains privées, plus il sera en sécurité.

Entre 2000 et 2010, les « mains privées » se sont approprié l'or tandis que les banques centrales et les gouvernements le méprisaient et se livraient à leurs coupables activités de création monétaire. Ainsi, de nouveaux fonds créés en 2004 – qui émettent des certificats cotés en continu sur une réserve d'or – détiennent maintenant plus de 2 500 tonnes d'or. Par ailleurs, les Allemands, les Chinois, les Indiens et les Français sont de gros détenteurs d'or physique. Les Allemands détiendraient 8 000 tonnes d'or et les Indiens près d'un tiers de l'or mondial. Par comparaison, les réserves d'or de la Banque centrale américaine sont de 8 133,5 tonnes, celles de l'Allemagne de 3 391,3 tonnes, celles du FMI de 2 814 tonnes, celles

28 Expert reconnu ayant anticipé les crises de 1987 et 2007.
29 London Bullion Market Association Conference.

de l'Italie et de la France d'un peu plus de 2 400 tonnes chacune.

La crise actuelle trouvera son dénouement dans une violente crise monétaire puisque tous les émetteurs de devises se sont lancés dans une folle course à la dévalorisation : États-Unis, Japon, Grande-Bretagne, Suisse, Eurozone... Les grandes monnaies fiduciaires participent à une course à la baisse, aucune ne peut plus être considérée comme un refuge. Dans ces conditions, l'or (qui est la seule monnaie véritablement démocratique, car difficilement manipulable, et le seul actif AAA qui n'a besoin de personne pour mériter sa note) apparaît comme un rempart. Plus le secteur privé en accumule, plus il est en sécurité.

Les précédents historiques de Franklin Roosevelt et de Léon Blum

La confiscation de l'or par Roosevelt aux États-Unis a marqué les esprits, mais il faut bien comprendre que c'était la seule façon à l'époque de faire de la création monétaire, du *quantitative easing*. En effet, à cette époque coexistaient le dollar papier et l'or, qui circulaient tous deux. La façon simple de convaincre les gens que le dollar était *as good as gold* (aussi bon que l'or) était de garantir la conversion de l'or en papier. Pour mettre plus de monnaie en circulation (faire de la création monétaire, comme maintenant), Roosevelt a donc interdit la possession de l'or. Au début de cette manœuvre, une once valait 20,67 $. Une fois l'or contrôlé par le gouvernement, il fut décrété qu'une once valait désormais 35 $. Il y avait donc 69 % de plus de monnaie en circulation par rapport aux réserves d'or (une dévaluation de 41 %). Mais le dollar restait adossé à l'or…

En 1936, le gouvernement du Front populaire copia l'idée de Roosevelt. Dans les années 1930, les Français, éprouvés par les crises monétaires successives, se présentaient de plus en plus nombreux aux guichets de la Banque de France pour échanger leurs billets contre de l'or. Léon Blum fit voter une loi exigeant que les particuliers détenteurs d'or rendent leur métal précieux qui leur serait payé au prix du marché. Il s'ensuivit un bras de fer entre la population et le gouvernement qui finit par capituler en 1937. Le Trésor remit la main sur près de 87 tonnes d'or dans l'affaire, mais dut dédommager ceux qui avaient donné leurs pièces et lingots.

Après la Seconde Guerre mondiale, le général de Gaulle fit passer plusieurs ordonnances, en 1944 puis en 1945, qui permettaient de réquisitionner l'or.

Ce que dit aujourd'hui la loi

La législation française conserve des traces de ces périodes troubles. Ainsi, l'article L151-2 du Code monétaire et financier autorise le gouvernement, par simple décret et « pour assurer la défense des intérêts nationaux », à « soumettre à déclaration, autorisation préalable ou contrôle, l'importation et l'exportation de l'or ». Vous pouvez d'ailleurs constater avec cet article que l'or figure en bonne place à côté des opérations de change, des mouvements de capitaux et des règlements de toute nature.

Par ailleurs, les transactions relatives aux métaux sont tracées.

Loi du 29 juillet 2011 n° 2011-900 modifiant l'article L112-6 du Code monétaire et financier

Toute transaction relative à l'achat au détail de métaux ferreux et non ferreux est effectuée par chèque barré, virement bancaire ou postal ou par carte de paiement, sans que le montant total de cette transaction puisse excéder un plafond fixé par décret. Le non-respect de cette obligation est puni par une contravention de cinquième classe.

Jusque-là, les montants inférieurs à 3 000 € pouvaient être réglés en espèces. Les investisseurs particuliers et professionnels doivent donc maintenant régler leurs achats d'or et d'argent par d'autres moyens de paiement : virement bancaire, carte de paiement, virement postal ou chèque barré. Officiellement, il s'agit de lutter contre le trafic des métaux dû au renchérissement de ceux-ci (câbles électriques en cuivre, rails de chemin de fer…). Notez que les mouvements entre particuliers ne rentrent pas sous le coup de cette loi.

Certains ont vu dans cette réglementation une extermination du marché de l'or. Cependant, malgré la présence d'une législation menaçante, la confiscation pure et simple de l'or semble difficile. Ce serait psychologiquement ravageur pour la monnaie en circulation, de trop nombreuses mains privées détenant déjà de l'or. La voie la plus probable serait une taxation renforcée sur les transactions et les plus-values. Mais de telles mesures couperaient la France de ses voisins européens chez lesquels elles n'existent pas. La récente inquiétude des Allemands concernant leur or national, dont la garde a été confiée à des pays étrangers, montre que la « remonétisation » de l'or chemine même dans les esprits des autorités. La nouvelle réglementation de Bâle III prévoit même que l'or ne sera plus considéré comme un actif « à risque ». En effet, jusqu'en 2012, la détention d'or par les investisseurs institutionnels était pénalisée. L'or était vu comme un placement à risque avec une pondération de 50 % de risque. Comme la législation lui demande 8 % de fonds propres, l'investisseur institutionnel qui détient 100 d'or doit pouvoir aligner 4 en fonds propres (100 x 50 % x 8 %). Désormais, avoir de l'or ne coûtera rien en fonds propres, exactement comme une obligation souveraine !

Malgré la législation et la répression financière, la remonétisation de l'or reste en marche. Dans ces conditions, les tentatives de confiscation ou de taxation sauvage sont certes possibles mais risqueraient d'emballer la crise monétaire qui couve.

Les emprunts forcés : une idée caressée par nos élus

Un autre aspect de la répression financière est l'emprunt forcé. La France a déjà connu de tels emprunts, notamment ceux de l'an II et de l'an IV de la toute fraîche République. Plus proche de nous, en 1976, une sécheresse historique sévit. L'État décide d'une aide d'urgence aux agriculteurs. À cette époque, les caisses sont vides car ce sont les années du choc pétrolier. Le très créatif et keynésien Premier ministre, Raymond Barre, invente l'emprunt sécheresse : vous prêtez ou vous êtes surtaxé, tel est le pacte. Le taux d'intérêt proposé est de 5,5 % par an, en dessous de l'inflation, et la durée est de cinq ans[30]. Durant ces cinq années, l'inflation cumulée sera supérieure à 64 % et les intérêts cumulés de l'emprunt forcé seront inférieurs à 38 %.

Le plus récent des emprunts forcés date de 1983. Cette année-là, Pierre Mauroy, premier ministre de Mitterrand, lance un emprunt forcé rémunéré à 10 % alors que l'inflation officielle se monte à 9,6 %. Sont souscripteurs d'office tous les contribuables payant plus de 5 000 F d'impôts, qui doivent souscrire pour 10 % du montant de leur imposition. Cet emprunt leur sera remboursé en 1986.

En 2009, un député UMP caresse cette idée, « imaginer une recette extraordinaire. Elle pourrait être non pas d'augmenter les impôts mais de lancer un emprunt [...], qui pourrait être un emprunt forcé »[31],

30 Jean-Claude Ducros, *L'Emprunt de l'État*, L'Harmattan, 2008.
31 Hervé Mariton, député UMP.

et François Hollande l'évoque dans sa campagne en avril 2012, une semaine avant le premier tour : « Mon projet, c'est de mobiliser l'épargne des Français au service du redressement de notre pays. Oui, la voilà la belle idée de mettre l'épargne des Français, chacun de vos placements, au service de tous. » Belle envolée lyrique. Notons que si les intéressés voulaient souscrire aux OAT française, ils le feraient librement.

Plus précis, Olivier Régis[32] envisage les modalités de la nationalisation de notre épargne dans un article du *Figaro*[33]. Il a bien repéré que le gisement des 1800 Mds€ de livrets et d'assurances-vie est la seule chose qui permet à la France de maintenir sa notation internationale en dépit d'une gestion désastreuse et d'une croissance nulle. Voici donc son plan. « Les 1 800 milliards de dette sont trop lourds à porter. La classe politique ne sait résoudre l'équation. C'est donc aux Français d'apporter eux-mêmes la solution à l'impasse. [...] La vision nouvelle revient à transférer la dette publique d'État (collective) vers la dette publique des Français (individuelle). Cette première est garantie historiquement par notre PIB et notre croissance. Cette seconde est garantie par notre patrimoine et le revenu individuel des Français. [...] Techniquement, **ce transfert s'opérera grâce aux banques sous le contrôle de la Banque de France** qui apporteront ainsi leur contribution à la sortie de crise. **Tous les distributeurs de**

32 Président délégué du Forum pour la gestion des villes et président de l'Atelier de la République.

33 « En finir avec la dette française : reprenons notre liberté », *Le Figaro*, 20 décembre 2012.

crédit, toutes les banques de réseaux seront mises à contribution pour organiser sur tout le territoire et auprès des Français de l'étranger la vaste collecte d'emprunts individuels qui prendront le relais de la dette publique maastrichtienne. »

Je n'exagère donc pas les risques qui pèsent sur votre épargne laissée sans défense dans le circuit bancaire. L'emprunt forcé est une vieille tradition française et nous pend au nez.

Fiche pratique numéro 2

Comment résister à la répression financière

Lorsqu'un État est surendetté, il se livre à la répression financière.

Nous sommes dans le premier volet de mesures. Celui qui veut drainer votre épargne vers les emprunts d'État, tout en la rémunérant à un tarif inférieur à celui du marché.

Le taux directeur de la Banque centrale européenne est maintenu sous le niveau de l'inflation, le marché obligataire est faussé. En France, une lourde fiscalité frappe les dividendes, les plus-values et le capital. La seule chose qui échappe à cette répression sont les fameux livrets A et LDD. L'argent collecté rentre ainsi dans les caisses de l'État via la Caisse des dépôts.

Face à la monstrueuse dette publique très majoritairement détenue par des créanciers étrangers, cet argent mobilisable en cas de panique est à portée de main de l'État.

Acculé à la faillite, si les taux montent, l'État renforcera sa répression financière :

- contrôle de sortie des capitaux ;
- gel provisoire de votre épargne ;
- recours aux emprunts forcés ou emprunts *civiques* ;
- restriction possible du marché de l'or ;
- contrôle des changes.

L'arsenal juridique est prêt.

Ne tombez pas dans les pièges de la répression financière. **Vous devez absolument éviter le marché obligataire de la dette d'État jusqu'à ce que la crise soit réellement derrière nous.**

L'or reste malgré tout, à terme, plus sûr que les obligations ou même les livrets pour stocker vos liquidités avec le moins de risque possible.

L'or ne rapporte rien, mais le marché obligataire non plus. L'or n'est pas une dette et n'a besoin de personne pour être noté. Pour plus de sécurité, vous devez conserver votre or hors du circuit bancaire.

Comment acheter de l'or au XXIe siècle ?

Souvent, beaucoup de lecteurs me demandent comment et où acheter de l'or. Cela n'a jamais été aussi facile avec Internet. Plusieurs prestataires vous proposent maintenant d'acheter et de vendre de l'or d'investissement sur la toile. Vous pouvez soit prendre livraison soit leur en confier la garde.

Nous recommandons à nos lecteurs aucoffre.com (http://www.aucoffre.com/), déjà cité dans le chapitre 2, et Bullion Vault (http://or.bullionvault.fr) depuis plusieurs années. Nous n'avons jamais jusqu'à ce jour reçu de plainte.

D'autres sociétés – certainement très honorables – assurent ce type de service. Citons un nouveau venu, Goldbroker (https://fr.goldbroker.com/).

Vous trouverez sur les sites de ces sociétés tous les renseignements sur ce type de transaction. Ces sociétés vous proposent aussi une garde hors de France.

L'argent à court terme c'est essentiel, mais il faut maintenant nous pencher sur le plus long terme et l'épineuse question des retraites.

4

Main basse sur vos retraites et poudre d'escampette

« Les retraites, c'est bien pire que ce qu'on vous dit ! »
Un gestionnaire anonyme de caisse de retraite

Mes meilleurs informateurs sont le plus souvent mes lecteurs. L'an passé, je terminais une conférence[34] au cours de laquelle j'avais évoqué la dramatique situation des retraites. Dans l'auditoire, au moment du traditionnel jeu des questions et réponses, quelqu'un répondit de façon particulièrement pertinente et précise à une interrogation d'un de mes auditeurs. Il s'agissait d'un gestionnaire de caisses de retraite avec lequel j'allais avoir par la suite une discussion assez libre en tête à tête.

Pire ? Pourtant les journaux évoquent régulièrement de façon maintenant dramatique ce problème de retraite. À l'automne 2012, *Les Échos* titraient « Retraites des cadres : les réserves épuisées dès 2017 » et

34 Salon Actionaria à Paris, novembre 2012.

« Retraites : comment faire face au choc du niveau de vie ». En décembre 2012, le gouvernement prend la décision de ne plus indexer les prestations des retraites du secteur privé sur l'inflation. Mais pourtant, c'est vrai, la situation est plus grave que ne vous le disent ces titres. Pour bien comprendre où nous allons, encore faut-il regarder d'où nous venons.

En 1900, l'espérance de vie est inférieure à 44 ans en France. La tuberculose, l'alcoolisme, la mortalité infantile ou celle des femmes en couches, les accidents du travail, les guerres font des ravages. La retraite n'existe pas et, dans une population à majorité rurale, les jeunes suffisent à s'occuper des rares anciens qui restent au coin du feu à garder les très jeunes enfants. Quelques corporations (mineurs, cheminots et fonctionnaires des arsenaux) bénéficient cependant de systèmes embryonnaires de retraite. En 1910 naît un premier système de retraite plus large qui repose sur la capitalisation : l'argent des cotisants est épargné, placé et reversé sous forme de rente à ceux qui ont cotisé plus de trente ans et sont âgés de plus de 60 ans. La rente est en principe égale à 40 % du salaire moyen sur cette période de trente ans. Ravagé par les inflations de 1910 et 1918, le système s'écroule. Entre 1936 et 1939, 24 projets ou propositions de loi fleurissent, c'est dire si l'accouchement du système de retraite fut douloureux.

Abrégeons nos souffrances. Le système actuel, figé en 1945, est hérité du régime de Vichy. Il est fondé sur le principe de la répartition selon lequel les cotisations des actifs payent les rentes des retraités. Déjà, pour certains, le principe même de la répartition est immoral car il dissuade l'épargne individuelle, habitue à recevoir quelque chose en échange de rien et encourage un comportement irresponsable. Tous ces arguments sont fondés et ce que nous vivons actuellement montre que l'argument de l'irresponsabilité était spécialement bien diagnostiqué. Il existe un autre problème de fond : la capitalisation ne fonctionne pas en raison des dévaluations dont la France est devenue coutumière depuis la disparition du franc-or. Après la Seconde Guerre mondiale, le principe de la répartition s'impose donc et, parallèlement, la France va vivre un épisode inflationniste qui la conduira à instaurer le nouveau franc, entérinant une dévaluation de 99 %.

Un système qui prend l'eau depuis 1960

Les privilèges du corporatisme sont toujours forts en France et chaque groupe tient à son indépendance et s'accroche à ses droits acquis. Par conséquent, les régimes spéciaux se multiplient en marge d'un régime général. Le système commence à prendre l'eau dès la fin des années 1960 sous l'effet de trois facteurs :

- L'allongement de la durée de vie. L'espérance de vie de quelqu'un né en 1900 et susceptible de prendre sa retraite en 1965 était inférieure à 50 ans. Autant dire que **la majorité des gens n'atteignait pas l'âge de la retraite**. En 1950, l'espérance de vie des Français était de 65 ans. En 1970, cette espérance de vie est de 75 ans et elle dépasse 80 ans en 2004[35]. Non seulement la majorité des gens atteint l'âge de la retraite, mais en plus ils vont y rester plus longtemps.

- La baisse de la natalité. Depuis 1960, année au cours de laquelle la fécondité a culminé au-dessus de 2,6 enfants par femme, on constate un déclin régulier. La fécondité actuelle est à peine supérieure à 2[36]. Conjuguée au gain d'espérance de vie, la baisse de la natalité donne une population vieillissante, ce qui se traduit par moins de gens au travail.

- La hausse du chômage. La France est en proie à un chômage persistant depuis 1975. De 1960 à 1974, le chômage frappe entre 2 et 2,5 % de la population active. Dès 1976, le chômage va croître de façon continue et obstinée. Un taux de 8 % constitue depuis les années 1990 un sinistre plancher. Fin 2012, la France compte plus de 10 % de sa population active au chômage. Plus de chômeurs dans la population active signifie moins d'argent pour ceux qui sont à la retraite.

Les deux premiers facteurs sont démographiques et un élève de fin de primaire serait capable de dresser un tableau réaliste de la population à l'année N + 30 à partir des données de l'année N. Nul besoin d'avoir fait l'ENA pour comprendre que plus de gens à la re-

35 Institut National d'études démographiques, http://www.ined.fr/fr/tout_savoir_population/graphiques_mois/esperance_vie_france/
36 Institut National d'études démographiques, *Populations et Sociétés,* n° 454, mars 2009.

traite qui vivent plus longtemps et moins de gens au travail ne constituent pas de bonnes tendances.

Mais nos politiques auraient à annoncer de désagréables nouvelles à leurs électeurs, ce qui, en France, est incompatible avec l'ambition d'une belle et longue carrière d'élu, jalonnée de nouveaux mandats. De replâtrages en réformes minimalistes, nous voici donc, comme en beaucoup d'autres domaines, au pied du mur.

En juin 2011, la revue *Finances et développement*, éditée par le Fonds monétaire international, publiait un article intitulé « Sommes-nous parés pour les retraites ? ». Les auteurs, Neil Howe et Richard Jackson, ont créé un indice de préparation au vieillissement mondial et ont observé 20 pays. « L'indice permet de constater qu'à quelques exceptions près, les pays les mieux préparés à tenir leurs promesses envers leurs retraités sont ceux qui ont pris le moins d'engagements à leur égard. » Voilà qui a le mérite de la limpidité. Qui ne promet rien n'est tenu à rien !

Sans grande surprise pour la viabilité budgétaire de son système de retraite, la France se classe 17e sur 20. Pour le niveau de vie projeté des seniors, la France se classe à la 16e place. Mais ce n'est pas tout. Les auteurs indiquent alors les actions prioritaires à conduire pour rectifier le tir, à savoir, pour la France :

- réduire les prestations de retraite de l'État ;

- freiner la hausse des coûts de santé ;
- allonger la vie active ;
- développer l'épargne retraite par capitalisation.

Voici quelques chiffres de l'OCDE[37] qui mettent en lumière notre très chère exception française.

- L'âge effectif de la retraite était en 2008 de 59 ans en France, contre 62 ans en Allemagne, 63 ans au Royaume-Uni et 66 ans en Suède. Nous les Français vivons le plus longtemps à la retraite.
- **85 % des revenus des retraités proviennent de la dépense publique tandis que pour les autres pays c'est en moyenne 60 %.**
- **En France, dans les années 1950, 5 actifs se répartissaient un retraité. En 2010, c'était 3,5 actifs pour un retraité et en 2040 ce sera 2 actifs pour un retraité.**
- En revanche, les taux de remplacement en France n'atteignent que 54 % du salaire moyen, contre 62 % pour les pays de l'OCDE. Nos rentes sont donc plus faibles que celles de nos voisins.

Des rentes déjà faibles et reposant principalement sur la dépense publique, que pensez-vous qu'il va leur arriver ?

37 « Les retraites en France et à l'étranger : 7 indicateurs clés », OCDE, 2010.

Pays	Âge légal du départ à la retraite	Âge moyen de sortie du marché du travail
Allemagne	65 ans	femmes : 61,4 ans hommes : 62,1 ans (2008)
Autriche	femmes : 60 ans hommes : 65 ans	femmes : 59,4 ans hommes : 62,6 ans (2007)
Belgique	65 ans	femmes : 61,9 ans hommes : 61,2 ans (2007)
Bulgarie	femmes : 60/65 ans hommes : 63/65 ans	—
Chypre	65 ans	—
Danemark	65 ans	femmes : 60,3 ans hommes : 62,3 ans (2008)
Espagne	65 ans	femmes : 62,7 ans hommes : 62,5 ans 2008
Estonie	femmes : 61 ans et 6 mois hommes : 63 ans	62,1ans (2008)
Finlande	65 ans	femmes : 61,3 ans hommes : 62 ans (2007)
France	60 ans (62 ans à partir de 2017)	femmes : 59,1 ans hommes : 59,4 ans (2008)
Grèce	femmes : 60 ans (allongement à 65 ans d'ici 2013) hommes : 65 ans	femmes : 61 ans hommes : 61,9 ans (2008)

Pays	Âge légal du départ à la retraite	Âge moyen de sortie du marché du travail
Hongrie	62 ans	femmes : 58,7 ans hommes : 61,2 ans (2005)
Irlande	66 ans	femmes : 64,7 ans hommes : 63,5 ans (2006)
Italie	femmes : 60 ans hommes : 65 ans	femmes : 60,7 ans hommes : 60,8 ans (2008)
Lettonie	62 ans	62,7 ans (2008)
Lituanie	femmes : 60 ans hommes : 62,5 ans	59,9 ans (2006)
Luxembourg	60-65 ans	59,4 ans (2005)
Malte	Nés avant 1952 : 61 ans pour les hommes, 60 ans pour les femmes Nés entre 1952 et 1955 : 62 ans Nés entre 1956 et 1958 : 63 ans Nés entre 1959 et 1961 : 64 ans Nés à partir de 1962 : 65 ans	59,8 ans (2008)
Pays-Bas	65 ans	femmes : 62,8 ans hommes : 63,7 ans (2008)
Pologne	femmes : 60 ans hommes : 65 ans	femmes : 57,5 ans hommes : 61,4 ans (2007)

Pays	Âge légal du départ à la retraite	Âge moyen de sortie du marché du travail
Portugal	65 ans	femmes : 62,3 ans hommes : 62,9 ans (2007)
République tchèque	hommes : 62 ans et 4 mois et femmes : 56 ans et 8 mois si 5 enfants et plus / 60 ans et 8 mois si pas d'enfant	femmes : 59 ans hommes : 62,3 ans (2008)
Roumanie	hommes : 64 ans et 1 mois femmes : 59 ans et 1 mois	—
Royaume-Uni	femmes : 60 ans hommes : 65 ans	femmes : 62 ans hommes : 64,1 ans (2008)
Slovaquie	62 ans	femmes : 57,8 ans hommes : 59,7 ans (2007)
Slovénie	Après 15 ans d'assurance : 65 ans pour les hommes et 63 ans pour les femmes Après 20 ans d'assurance : 63 ans pour les hommes et 61 ans pour les femmes Après 40 ans d'assurance pour les hommes et 38 pour les femmes : 58 ans	59,8 ans (2006)

Pays	Âge légal du départ à la retraite	Âge moyen de sortie du marché du travail
Suède	Âge flexible entre 61 ans et 67 ans, possibilité de travailler au-delà, moyennant l'accord de l'employeur.	femmes : 63,2 ans hommes : 64,4 ans (2008)

Source : Données MISSOC : situation au 1er juillet 2011.

Pensez-vous qu'une seule des mesures préconisées par le FMI en 2011 ait été prise ? Non, bien sûr. Pire, certaines mesures adoptées en 2012 vont dans le sens rigoureusement contraire. Vous allez me dire, tout cela va bien finir par s'arranger, la reprise va renflouer les caisses. Hélas, il va falloir déchanter.

Le rapport de la Cour des comptes de septembre 2012 sur le sujet est passé inaperçu, les discussions budgétaires occupant le devant de la scène médiatique, mais il fait froid dans le dos. La réforme du gouvernement Fillon, initiée en 2010, n'aurait dû être que le début d'une longue route pas trop escarpée vers une normalisation du système de la répartition en passant par une case « retraite à 65 ans ». Ceci nous ramenait dans la norme européenne, sachant que toute l'Europe est consciente que cette norme devra être revue en fonction du vieillissement de la population. Enfin, plus précisément, toute l'Europe… sauf la France.

Les chômeurs ne vous paieront pas votre retraite

À côté du minimum vieillesse, dit régime général, coexiste un système complexe de retraites complémentaires par points pour le secteur privé : ARRCO pour les salariés et AGIRC pour les cadres. Ces deux organismes distribuent un gros 60 Mds€ de prestations annuelles, soit 5 fois moins que le régime général.

L'AGIRC-ARRCO a annoncé, fin août, que ses réserves de gestion seraient asséchées à l'horizon 2017. « Les retraites sont garanties, non pas par des provisions techniques, mais par la permanence des cotisations », explique l'organisme. Ces « réserves techniques » sont un bas de laine dans lequel puisent ces organismes pour réaliser le versement des retraites lorsque la collecte ne suffit pas, un système temporaire d'amortissement.

Vous pourriez naïvement penser que les gouvernements successifs s'assurent que la collecte suffit à verser les retraites, mais c'est sans compter sur un invité surprise : le chômage. Sachez que les feuilles de route des organismes complémentaires tablent sur un taux de chômage à 7,5 %. Depuis 1993, la France a toujours connu un taux de chômage supérieur à 8 % (sauf pour un fugace trimestre de 2007 durant lequel le chômage est passé sous ce chiffre sans toutefois atteindre 7,5 %).

La Cour des comptes a bien mis les pieds dans le plat : il va falloir songer à réduire le train de vie des bénéficiaires du système, et d'ici à 2017 ; il faudra, dit-elle, **allonger la vie active (probablement jusqu'à**

65 ans) et diminuer les taux de remplacement pour les retraités.

L'Espagne nous montre aussi le chemin rugueux de la réforme. Le gouvernement a prévenu que, dès 2013, les retraites ne seraient plus indexées sur la hausse des prix. Ce sera entre 1 et 2 % de réévaluation, alors que l'inflation y est de 3 %. Au Portugal, le gel des retraites est en vigueur depuis 2011. En Grèce[38], les pensions ont fondu de 20 % depuis le début de la crise. Pour limiter la casse, les gouvernements des pays en difficulté décident arbitrairement de réévaluer ou non les retraites par rapport à un indice des prix dont les modalités de calcul sont définies par eux-mêmes.

Quand la répression financière se mêle sournoisement de vos retraites

Si vous avez déjà lu le chapitre « Répression financière », vous êtes imbattable dans ce triste domaine. Sachez donc que la répression financière s'est intéressée – à votre insu – à vos retraites. Ainsi, en 2010, le Fonds de réserve des retraites (FRR) s'est vu contraint de souscrire en priorité aux dettes de l'État français. Ce fonds avait été décidé en 1999 par le gouvernement Jospin avec comme objectif de constituer une réserve de 150 Mds€ pour contribuer à partir de 2020 au financement des déficits des régimes de retraite. Il s'agissait d'un début de retraite par capitalisation. À l'origine, devaient alimenter le FRR l'argent récolté

38 *Les Échos*, 14 décembre 2012.

lors des privatisations, les ventes de licences de télécommunication, une taxe sur les transactions boursières… En pratique, vaguement approvisionné quand on y pensait, le Fonds est géré de façon désastreuse. En 2010, la réforme Fillon des retraites le contraint à financer le déficit de l'État. En clair : le FRR est forcé de racheter les emprunts d'État français.

L'insoluble équation de la fourmi alors que la bise arrive

Il existe deux grandes catégories de gens. Certains individus arrivent toujours à avoir un peu d'argent devant eux. Cela ne dépend nullement de leur richesse, de leurs rentrées financières ou de leurs salaires. C'est simplement un état d'esprit, celui de la fourmi. Cette variété de gens admet l'incertitude. Elle pense simplement que demain il ne fera pas nécessairement plus beau qu'aujourd'hui, qu'il est sage d'avoir un peu d'argent devant soi en cas de coup dur. Pour ces individus, l'indépendance matérielle et financière ainsi que la liberté d'action qui en résulte sont des objectifs prioritaires.

D'autres individus, à la mentalité de cigale, ne réussissent jamais à avoir d'argent devant eux, peu importe ce qu'ils gagnent ou leur richesse. Ces gens-là ont une propension à croire que les choses s'arrangent d'elles-mêmes ou que d'autres pourvoiront à leurs carences. Vous les voyez partir en montagne ou prendre la mer vêtus d'une simple chemise et sans avoir consulté la météo. En cas de coup dur, ils s'en remettent volontiers à la charité et à la collectivité. Ils revendiquent alors en général un « droit à ». L'indépendance matérielle et financière est pour eux secondaire. Souvent, ils déclarent ne pas être intéressés par l'argent. Ils sont prêts à aliéner des pans de leur liberté au profit de ce qu'ils nomment solidarité.

Encore une fois, la prévoyance n'est pas une question d'âge ou de revenus, c'est une question de mentalité. La mentalité cigale ou la mentalité fourmi. Certes, il faut un peu nuancer : sans généraliser, les jeunes démarrent dans la vie avec un mental plus cigale que fourmi. Quand on est jeune, on a l'avenir devant soi ; il est logique de penser que les choses vont s'arranger et s'améliorer ; on n'est pas frileux et prévoir un lainage ou un ciré (même avec une bonne météo) avant de partir en montagne ou en mer, ça gonfle ! Mais, avec un peu de bouteille, le côté fourmi prend normalement le pas sur le côté cigale.

Cependant, cette fois, les fourmis sont prises au piège. Les cotisations qu'on leur a prélevées pour payer les retraites de ceux qui n'étaient plus en activité ont réduit leur capacité d'épargne. La taxation du capital, des plus-values, de l'épargne et des revenus de l'épargne est telle que se constituer un capital suffisant pour sa propre retraite tout en finançant celle des autres est devenu une mission presque impossible pour la plupart des gens. Même les professions libérales et les entrepreneurs peuvent de moins en moins compter sur la revente de leur clientèle ou de leur entreprise puisque l'État prendra sa part du lion sur les plus-values.

L'insoluble équation de la fourmi devient donc : « **Comment épargner pour me constituer ma propre retraite sachant que l'État-providence me ponctionne pour la retraite des autres et ne me donnera rien en retour ?** » Toute tentative de capitalisation est réprimée, même celles qui ont été officiellement encouragées. J'exagère ? Pas du tout, voyez ce qui arrive aux contrats en rente viagère.

L'exemple dissuasif des contrats de retraite Madelin

Les contrats Madelin sont des contrats d'assurance-vie proposés aux professions libérales pour mieux préparer leurs retraites. Les caisses de retraite des professions libérales ne sont pas très garnies – c'est un euphémisme – car, autrefois, la cession de clientèle constituait le pactole assurant la retraite des membres de ces professions. Les vieux jours étant *a priori* assurés, inutile de cotiser. Cependant, les cessions de clientèles devenant de moins en moins fiables, les contrats Madelin ont vu le jour pour inciter ces professionnels à épargner. Un avantage fiscal à l'entrée (les apports pouvaient être déduits de l'impôt dans la limite de 10 % à 15 % des revenus imposables), des versements obligatoires et une sortie en rente viagère, telles sont les principales caractéristiques de ces contrats. Comme d'habitude, la carotte de la défiscalisation a fait affluer les souscripteurs (peu regardants sur la qualité de ce qu'on leur proposait) et des concepteurs de produits financiers empressés et rémunérés à la commission. La plupart des contrats prévoient des frais élevés et affichent de faibles rendements, selon le constat des *Échos*[39].

Comble de malheur, un grain de sable vient se mettre dans ces rouages déjà passablement grippés. Un arrêt de la Cour de justice européenne interdit toute discrimination fondée sur le sexe dans la fourniture de biens et services et lève la dérogation qui avait été prévue pour les assurances. En effet, les tables de mortalité hommes et femmes sont différentes, puisque les femmes vivent en moyenne plus longtemps que les hommes. C'est un fait, une observation physiologique. Mais, de nos jours, cela ne dérange pas le législateur d'aller contre nature.

Au nom de l'égalité des sexes, les rentes de ces contrats devraient donc baisser de 10 % à 20 % pour les hommes, pour s'aligner sur celles des femmes.

Trop c'est trop, pensez-vous, mais comment se reprendre en main ? La retraite par la capitalisation personnelle est difficile dans un pays devenu champion de la taxation, quoique possible s'il vous reste une vingtaine d'années pour prendre le temps de vous la constituer. Bien entendu, la difficulté consiste à ne pas confier vos fonds à des institutions trop inféodées au pouvoir et, tant que la répression financière durera, n'escomp-

39 http://www.lesechos.fr/patrimoine/retraite/actu/0202344160163-un-contrat-madelin-pour-la-retraite-506736.php

tez pas voir votre capital prospérer. Vous devez aussi savoir que la plupart des « produits financiers » qui se constituent pour profiter d'un avantage fiscal ne sont pas bien gérés. Les gestionnaires savent très bien que les clients affluent, appâtés par la carotte fiscale, et ils ne se donnent pas beaucoup de mal pour le suivi de ces placements. Avec les PERP (plans d'épargne retraite populaire) comme avec l'assurance-vie, vous perdez de la liberté de mouvement dans une période trouble et votre argent est dangereusement à portée de main de l'État. Bref, on n'est jamais mieux servi que par soi-même. À la rigueur, de tous les montages existants, des souscriptions à des parts de FCPR (fonds commun de placement à risque dont les FIP et FCPI font partie) sont encore le mieux. Certains sont bien gérés (Alto Invest, Truffle Capital). Ces fonds investissent dans des entreprises non cotées, font du capital risque ou du capital développement et arrivent à porter certains de leurs protégés jusqu'à leur introduction en Bourse. C'est risqué, bien sûr, et peu liquide puisqu'il faut y rester un certain nombre d'années, mais au moins vous confiez votre argent au secteur privé.

Maintenant, si le temps vous manque, il faut penser à une solution plus drastique.

Les quatre bienfaits de la délocalisation appliquée à vous-même

Vous devez regarder la situation en face : votre retraite va être amenée à baisser tandis que vos impôts, vos frais de santé et vos dépenses quotidiennes augmentent. Vous ne pouvez plus réellement compter sur les revenus de votre capital, de plus en plus lourdement ponctionnés, pour compenser votre baisse de niveau de vie.

Pourquoi ne pas vous délocaliser en province, ou même en dehors de France ? Dans le premier cas, si vous êtes citadin et surtout parisien, vous y gagnerez en niveau de vie. Mais en partant à l'étranger vous pourrez gagner sur trois tableaux supplémentaires :

- Tout d'abord, vous **économiserez sur votre vie de tous les jours**. L'immobilier – tant à l'achat qu'en coût de possession – est devenu très cher en France et le coût de la vie y est élevé. Dans de nombreux pays, à train de vie équivalent, vous diminuerez sensiblement le prix de votre logement et les dépenses correspondant à vos besoins essentiels.

- Vous pourrez faire de grosses économies d'impôt et **disposer presque entièrement du fruit de vos placements**, au lieu d'en voir une bonne partie confisquée par l'État. Ceci va immédiatement augmenter vos revenus effectifs.

- Si vous avez encore le goût d'entreprendre ou plus prosaïquement si votre pension est trop modique, vous pourrez **compléter vos revenus en montant une entreprise, même modeste,** sans affronter la tyrannie paperassière et administrative française. Faites attention cependant, car toutes les destinations ne le permettent pas, certaines préférant réserver les activités lucratives à leurs nationaux.

- Et pourquoi ne pas **échanger la grisaille pour le soleil** et les lagons bleus des mers chaudes ?

Si vous évoquez la possibilité de votre expatriation, vous constaterez que la réaction de vos interlocuteurs est parfois (et même souvent) agressive. Seuls songent à quitter la douce France des individus abjects, ultra riches, cherchant à éluder l'impôt et n'ayant aucun sens de la solidarité. Si vous vous sentez blessé par de telles réactions, il est urgent de vous décomplexer.

Il ne s'agit pas d'éluder l'impôt puisque vous l'avez toujours payé en France et que vous en paierez aussi (mais moins) dans votre pays d'accueil. Vous n'avez pas manqué non plus de solidarité puisque justement, par le principe de la répartition, vous avez durant toute votre vie active financé la retraite de ceux qui vous avaient précédé. Vous avez donc déjà beaucoup donné.

Vos deux principaux objectifs sont moins d'impôts et un coût de la vie inférieur à celui de la France. Le dosage est une affaire personnelle. Certaines destinations proches sont prisées des riches et le coût de la vie s'en ressent, il est au moins égal à celui de la France. C'est le cas par exemple de la Suisse. Dans d'autres destinations plus lointaines, à taux d'imposition et coût de la vie faibles, l'insécurité deviendra un frein majeur. Ne rêvez pas : on ne peut avoir tout et son contraire : 0 impôt et des rues d'une propreté chirurgicale, un coût de la vie dérisoire et une sécurité helvétique. « Choisir c'est renoncer », comme disait André Gide.

Il y a cependant trois critères essentiels :

- un système bancaire efficace (il faut bien que le virement de votre retraite arrive) ;
- des infrastructures (eau, électricité, télécommunications, aéroport) ;
- un système de santé correct (public ou payant).

Entre les pays proches (Belgique, Suisse, Luxembourg, Grande-Bretagne, Italie, Portugal), les destinations plus exotiques (Mexique, Costa Rica, Maroc, Maurice, Thaïlande, Nouvelle-Calédonie, Polynésie française), les avantages et inconvénients ne sont pas les mêmes.

Avant de poursuivre, retenez quatre règles de base :

- Le centre de vos intérêts vitaux et économiques doit être clairement hors de France et, concrètement, il est souhaitable de ne plus y disposer d'habitation, sauf une résidence secondaire dans un lieu touristique.
- Vous devez résider effectivement plus de six mois hors de France.
- Le fisc français ne tiendra pas compte de votre délocalisation si vous laissez votre conjoint ou l'un de

vos enfants mineurs résider en France (pensez éventuellement aux frais de scolarité).

- Si vous décédez, dans la plupart des cas vos enfants résidents en France seront taxés, selon le droit français en vigueur, sur vos biens immobiliers restés en France.

Voici d'abord les pays où votre gain en pouvoir d'achat sera le plus substantiel :

Pays	**Coût de la vie par rapport à la France**
Costa Rica	- 50 %
Maroc	- 30 %
Île Maurice	- 30 %
Mexique	- 70 %
Portugal	- 25 %
Thaïlande	- 75 %

Source : Partez pour une retraite dorée, *Publications Agora, 2012.*

Quelques critères simples vous permettent d'apprécier rapidement (et à distance avec Internet) le coût de la vie : le prix d'une connexion Internet d'entrée de gamme du haut débit, le salaire minimum, le prix de l'essence et celui de l'immobilier. Vous noterez que dans ce tableau ne figure pas l'Espagne. Ce pays n'a pas encore fait faillite (contrairement au Portugal), son réseau bancaire est douteux et les augmentations de TVA y ont renchéri la vie courante. Ce n'est pas (encore) une destination judicieuse, contrairement au Portugal, qui a déjà fait faillite.

Faites (sans tricher) vos comptes

Quel est le montant des retraites auxquelles vous pouvez théoriquement prétendre ? Comme vous l'avez compris, vos retraites par répartition sont en danger. **Comptabilisez avec la plus grande prudence vos revenus futurs** escomptés dans ce domaine. Ne vous réjouissez pas trop si vous avez des retraites complémentaires (cas par exemple de certaines professions libérales) reposant sur la capitalisation. Ces **pensions sont le plus souvent assises sur des emprunts à taux fixes,** or le problème des dettes souveraines est bien loin d'être résolu et la répression financière est partie pour durer. Ce qui veut dire que les rendements réels (rendement - inflation) seront nuls ou négatifs. La réévaluation ne suivra pas l'indice des prix. De nombreux retraités, aux États-Unis, ont déjà dû se remettre au travail parce que leur caisse de pension avait trop perdu en Bourse ou dans les produits *subprime.*

Quels sont les revenus de votre patrimoine ? Calculez les ressources éventuelles que vous pouvez tirer de celui-ci.

Analysez sa composition, et voyez quels revenus vous pourriez en tirer, et avec quel profil de risque : la Bourse, l'immobilier, l'or ou les placements à taux fixes ? Délocalisez vos liquidités (voire même vos actions) à l'étranger ne sera pas une opération difficile, un simple virement suffira. Vous n'êtes pas, non plus, obligé de solder tous vos comptes bancaires en France, mais **il conviendra tout de même que l'essentiel de vos avoirs soit géré hors de France**. Ceci ne veut pas pour autant dire que vous devrez gérer votre portefeuille dans votre pays d'accueil. Il vous suffit de répartir vos avoirs dans des pays européens en dehors de la France.

Si vous avez un patrimoine immobilier important, il faudra le réaliser en majorité. Consolez-vous, vous vendrez probablement proche d'un sommet historique du marché. Le patrimoine moyen d'un Français est, **à cause des prix de l'immobilier**, sensiblement supérieur à celui d'un Allemand, théoriquement plus prospère. Paris est encore une des villes les plus chères d'Europe, dépassée seulement par Monaco, le centre de Londres et quelques villes suisses. Mais si les prix se maintiennent encore dans la capitale, ils sont déjà en baisse en province. Depuis la loi de finances rectificative votée après l'élection du président Hollande, la fiscalité immobilière des non-résidents s'est sensiblement alourdie puisqu'ils doivent s'acquitter de l'impôt sur le revenu auquel s'ajoutent désormais les prélèvements sociaux. Donc, prévoyez de vendre et faites-le sans regret, car les taxes sur les plus-values vont très probablement encore s'aggraver. Même l'exemption de plus-values sur les biens immobiliers détenus depuis plus de trente ans risque de ne pas durer.

Envisagez-vous une activité complémentaire ? Il est vivement déconseillé de continuer à exercer des missions de conseils à une clientèle située en France – ce qui est devenu très simple grâce à Internet et au télétravail. Vous rêviez de faire quelques brefs allers-retours vers la France, tout en faisant encaisser les factures par une société en France qui « remonterait » ces sommes vers une holding de droit étranger qui ensuite vous verserait vos gains ? Mauvais plan, Bercy veille. En revanche, créez votre société sur place.

Vos sorties d'argent se décomposent en deux grands volets : les dépenses de la vie courante et les impôts.

Vos dépenses courantes recouvrent l'ensemble de vos frais pour votre vie quotidienne. Tout ce que vous dépensez donc (habillement, alimentation, loisirs, transports, etc.) régulièrement. Ce poste, comme tout un chacun peut le constater, est en forte hausse. Pour conserver votre train de vie, vous vous apercevez vite que le surcoût semble très supérieur à celui qu'annonce l'indice officiel de hausse des prix (entre 2 % et 3 % en Europe). Le magazine *60 millions de consommateurs* estime que le pouvoir d'achat est en baisse en France de 1 % par an (ce qui paraît optimiste). Les perspectives ne sont pas réjouissantes. Ainsi, la facture d'électricité pourrait exploser de 50 %, d'ici 2020 d'après un rapport du Sénat. Les prix devraient donc continuer à grignoter votre pouvoir d'achat. **Estimez donc vos dépenses de façon suffisamment large et n'oubliez pas votre budget santé**. Enfants gâtés de l'Europe, les Français sont habitués à avoir un budget vacances, mais sont beaucoup moins rompus à établir un budget santé. À quelle fréquence allez-vous consulter et quels spécialistes consultez-vous (cardiologue, rhumatologue, ophtalmologue, dentiste) ?

Le gros morceau de votre budget : les impôts

Pour calculer votre revenu mensuel effectivement disponible, il faut encore retrancher vos impôts. Là, l'augmentation qui se profile sera largement supérieure à la hausse de l'indice des prix.

L'ambition du gouvernement est de réduire le déficit budgétaire en faisant payer les plus favorisés (en pratique, très largement, les classes moyennes). Tout un arsenal fiscal a donc été mis en place au nom de la « justice sociale ». Le fil conducteur idéologique est que les revenus du capital doivent être taxés comme ceux du travail, selon la distinction marxiste capital-travail.

Les plus-values sur valeurs mobilières sont maintenant intégrées dans le barème de l'impôt sur le revenu (et peuvent donc se retrouver taxées jusqu'à 45 %). Au passage, ceci veut dire qu'en France le risque de financer l'industrie n'est donc plus rémunéré.

Autrement dit, quand les marchés baissent il vous reste vos yeux pour pleurer et quand les marchés montent le fisc empoche une bonne partie de vos gains. Il n'y aura plus aucun intérêt à investir en actions, constate la présidente du Medef, Laurence Parisot, après la parution de la loi de finances 2013.

Les dividendes sont cependant moins touchés, avec un abattement de 40 %.

Cette fiscalité sur les valeurs mobilières, et plus particulièrement celle qui frappe les plus-values, n'intègre pas la hausse des prix. **Ce n'est pas votre revenu net qui est taxé, mais vos rentrées nominales artificiellement gonflées par l'inflation.** Exemple : un placement vous rapporte 5 %. L'inflation des prix officiels est de 2 %. Votre revenu net est de 3 %, mais vous serez taxé sur 5 %. Donc, en pratique, vous payez des impôts sur des rentrées dont une part est fictive.

La hausse des impôts touche également, en priorité, la détention de capital. Selon *Les Échos*, pour les 30 000 ménages détenant plus de 4 M€ de patrimoine imposable, l'impôt bondit de 143 % en 2012 par rapport à ce qui était prévisible en début d'année. Henri Sterdyniak, économiste de l'OFCE, en convient : « Si l'on ajoute l'ISF, les taux d'imposition [du capital] n'ont plus de sens. »[40]

À l'avenir, le gouvernement prévoit de rétablir l'ancien barème prévalant avant la réforme de 2011 de Nicolas Sarkozy, avec quelques aménagements. Les contribuables ne seraient imposés que si leur fortune totale dépasse 1,3 M€, mais la taxation effective commencerait à 800 000 €. Il y aurait 5 tranches, la dernière étant de 1,5 % (et non de 1,8 % comme dans le

40 http://www.lesechos.fr/opinions/analyses/0202306791279-pourquoi-il-est-irrationnel-de-taxer-le-capital-comme-le-travail-369296.php

barème d'avant la réforme Sarkozy). N'oubliez pas évidemment de rajouter à ces impôts vos taxes foncières et d'habitation.

Tant que vous y êtes, penchez-vous aussi sur l'impôt sur la tombe (sans tomber dedans). Vous renoncez à certaines jouissances immédiates pour laisser quelque chose à votre descendance ? L'État va rétablir cette injustice sociale (pourquoi vos enfants pourraient-ils hériter tranquillement alors que d'autres n'ont pas cette chance ?). Les droits de succession ont été alourdis et la tranche maximum pour les successions en ligne directe est portée à 45 % au-delà de 1,8 M€. Pas grave, pensez-vous, vous allez vous délester en douceur au fil du temps. Là aussi, l'État a serré la vis. Chaque parent pouvait auparavant donner jusqu'à 159 325 € par enfant tous les dix ans sans payer d'impôts. Ce délai est repoussé à quinze ans et la franchise est abaissée à 100 000 €.

Avec la hausse du coût de la vie et l'augmentation des impôts, la conservation de votre train de vie est illusoire. Maintenir son capital devient mission impossible. La répression fiscale se charge de laminer les rendements, l'immobilier paraît au plus haut, les loyers sont encadrés et progressent moins vite que les charges, les marchés financiers sont toujours déprimés ; nous sommes encore en récession et le chômage n'a pas fini d'augmenter. La valeur de votre capital va baisser et si vous comptez dessus pour compléter votre retraite, vous courez à de cruelles désillusions.

Le PEA ou l'assurance-vie, la résidence principale, certains placements comme les forêts pour le foncier, ou encore l'art – exonéré d'ISF, peu appréhendable dans les successions et dont la taxation, en regard des plus-values, est faible –, constituent encore quelques abris précaires. Mais, ce ne sera pas suffisant.

Voici le menu de l'enfer fiscal :

	Imposition
Revenus et dividendes	Taux progressif avec un maximum à 53 % et (provisoirement) un taux spécial à 75 % pour les revenus dépassant 1 M€
Capital	Taux progressif à partir de 800 000 € avec un maximum à 1,5 %
Plus-values immobilières	32,5 % avec abattement progressif selon la durée de détention. Surtaxation de 3 % au-delà de 100 000 € et de 5 % au-delà de 150 000 €
Plus-values mobilières	Intégrées aux revenus et taxation identique
Transmissions et successions	45 % en ligne directe au-delà de 1,8 M€

Vous avez vendu votre entreprise, vous voilà à la tête de 10 M€. Vous avez liquidé votre retraite qui vous donne 60 000 € de revenus par an. Vous allez payer 98 190 € d'ISF, puis des impôts sur le revenu, la CSG, une taxe foncière et d'habitation.

En admettant que vous arriviez à conserver un peu du capital que vous avez gagné, vos enfants n'hériteront que de 55 % de ce qui excède 1,8 M€. Voilà qui peut donner à réfléchir, surtout si vos enfants résident déjà à l'étranger.

Choisissez vos terres d'accueil possibles

Une fois que vous avez bien fait vos comptes, vous devez être capable de hiérarchiser vos priorités : moins d'impôts d'abord ou coût de la vie ? Les deux, allez-vous me dire ! Non, il vous faut déchanter : le Paradis n'est pas sur Terre.

Dans chacun des pays de la première sélection, établie sur le critère du coût de la vie, vous allez de toute façon payer moins d'impôts puisque la France détient le triste record de la taxation des revenus, du capital, des plus-values et des transmissions.

Maintenant, si vous êtes lourdement taxé, la provenance de vos revenus est importante, car tous les pays n'offrent pas les mêmes avantages. Hormis le Liechtenstein et la Suisse, plus aucun pays ne taxe le capital, mais certains préfèrent taxer les revenus et d'autres les plus-values.

Dix-huit pays éligibles à une retraite dorée

Voici la liste de dix-huit pays qui offrent de bons compromis : Andorre, Belgique, Campione d'Italie,

Costa Rica, Grande-Bretagne, îles Anglo-Normandes, île Maurice, Italie, Liechtenstein, Luxembourg, Maroc, Mexique, Monaco[41], Nouvelle-Calédonie, Polynésie française, Portugal, Suisse, Thaïlande.

Ce ne sont toutefois que des compromis. Il vous faudra choisir selon vos goûts personnels (vie culturelle, climat), votre aptitude aux langues, le régime fiscal le mieux adapté à votre patrimoine. Mais tous ces pays ont en commun de passer quatre critères essentiels.

Les six critères essentiels

Sécurité des personnes (vous n'avez peut-être pas envie de mourir assassiné dans une guerre de narcotrafiquants), **système de soins** (vous n'appréciez pas les arracheurs de dents qui opèrent sur les marchés en anesthésiant avec un clou de girofle ou de l'alcool local distillé dans des conditions douteuses), **stabilité politique**, juridique et fiscale (important si vous acquérez un bien immobilier), **système bancaire** suffisamment développé (votre argent doit arriver et vous devez pouvoir y accéder).

Le cinquième critère – l'**existence d'une convention fiscale internationale avec la France** – n'est pas un critère indispensable. Mais c'est la garantie d'une certaine tranquillité, car la renégociation de ces conventions est un long processus. En l'absence de ce

41 À condition d'avoir une autre nationalité que la seule nationalité française.

type de convention, vous pouvez vous retrouver taxé à la fois en France et dans votre pays d'accueil.

Vous pouvez très bien opter pour d'autres pays et mener votre propre enquête. Vous pouvez aussi utiliser certaines destinations (Belgique, Campione) comme camp de base avant de vous diriger vers une autre destination. Vous trouverez la liste des conventions fiscales sur www.impots.gouv.fr dans la rubrique « documentation », option « internationale ».

Les grands principes de toutes les conventions fiscales :

- L'immobilier est taxé là où il se trouve.
- D'une façon générale, les retraites des fonctionnaires restent imposables en France.
- Les retraites privées et pensions alimentaires sont le plus souvent taxées dans le pays d'accueil.

Le sixième critère : **des dépenses publiques contrôlées et une économie privée forte**. Si vous envisagez la délocalisation, c'est parce que vous savez que nos finances publiques sont dans un état désastreux et que leur redressement sera un processus long et douloureux, notamment pour vous, retraité, dont le revenu est beaucoup moins ajustable que ceux qui sont encore dans la vie active. Il est donc très important que vous examiniez les finances publiques de votre pays d'accueil car, s'il doit tomber dans les excès français, vous vous serez déraciné pour rien. Le ratio PIB du secteur privé sur PIB du secteur public est un critère très important. Plus les dépenses du secteur public de votre pays d'accueil seront faibles et plus son économie privée sera forte, moins vous aurez à craindre concernant l'évolution de sa fiscalité. Comparez avec la France où nous en sommes à 57 % pour le secteur public contre seulement 43 % pour le secteur privé.

Ce que vous ne devez surtout pas faire

Il y a des pays à éviter à tout prix, ce sont les ETNC ou États et territoires non coopératifs. Ces États sont la bête noire de Bercy, car ils ne communiquent pas d'informations. La France a donc mis en place un prélèvement spécial sur les revenus français tirés des capitaux investis en France, pilotés depuis un paradis fiscal et rapatriés vers ces contrées exotiques.

Par exemple, vous vous expatriez aux îles Marshall, classées ETNC, mais, devant l'étroitesse de l'économie locale, vous décidez de réinvestir vos capitaux en France sans révéler votre identité (via un trust par exemple ou une société écran). Tous les bénéfices encaissés en France et reversés vers la structure enregistrée dans un ETNC seront frappés d'une retenue à la source spéciale de 55 %. Plutôt dissuasif…

Fiche pratique numéro 3 : treize pays à convention fiscale éligibles à votre délocalisation personnelle

Pays	Vie courante	Fiscalité	Stabilité politique et fiscale	Immobilier, environnement et cadre de vie	Conditions de résidence
Belgique	Légèrement plus chère	50 % sur les revenus dès 34 330 €, mais 0 % sur les plus-values des valeurs mobilières et douce sur les dividendes.	Moyenne. Le cas Depardieu a irrité et la convention fiscale pourrait être renégociée.	Immobilier beaucoup moins cher, même à Bruxelles.	Pouvoir justifier de son autonomie financière.

Pays	Vie courante	Fiscalité	Stabilité politique et fiscale	Immobilier, environnement et cadre de vie	Conditions de résidence
Grande-Bretagne	Plus chère	50 % sur les revenus supérieurs à 150 000 €. 28 % maximum sur les plus-values.	Bonne	Immobilier hors de prix, Londres est deux fois plus chère que Paris.	Justifier de revenus suffisants pour ne pas être demandeur d'aides sociales.
Île Maurice	Moins chère d'environ 30 %	Proche du néant. Taux uniforme de 15 % sur les revenus.	Bonne	Achat restreint pour les étrangers mais possibilités de location.	Virement annuel de 40 000 $ pour faire face à ses dépenses personnelles.

Pays	Vie courante	Fiscalité	Stabilité politique et fiscale	Immobilier, environnement et cadre de vie	Conditions de résidence
Italie	Équivalente	Taxation à 20 % des dividendes et plus-values. Impôt sur le revenu équivalent à celui de la France.	Moyenne. L'Italie n'est pas encore tirée d'affaire même si son État ne vit pas au-dessus de ses moyens.	Équivalent. Mêmes prix à Rome qu'à Paris.	Justifier d'une couverture sociale.
Luxembourg	Plutôt moins chère	Impôts sur le revenu au taux maximal de 41 % et sur les plus-values au taux maximal de 20,67 %.	Bonne	Immobilier très abordable, vie culturelle un peu plate.	Justifier de revenus et d'une couverture sociale.

Pays	Vie courante	Fiscalité	Stabilité politique et fiscale	Immobilier, environnement et cadre de vie	Conditions de résidence
Maroc	Moins chère d'environ 30 %	Impôt sur le revenu progressif au taux maximal de 38 %. Abattement de 40 % sur les retraites. 10 à 20 % sur les plus-values.	Médiocre	Immobilier très abordable	Justifier de ses revenus.
Mexique	Moins chère d'environ 70 %	Impôt sur le revenu progressif avec un maximum à 30 %. Plus-values taxées comme les revenus.	Bonne	Beaucoup moins cher. Belles maisons coloniales dans des villes historiques.	Justifier de revenus mensuels supérieurs à 1 500 $.

Pays	Vie courante	Fiscalité	Stabilité politique et fiscale	Immobilier, environnement et cadre de vie	Conditions de résidence
Nouvelle-Calédonie	Plus chère	Impôts sur le revenu avec une tranche supérieure à 40 %. Droits de succession à 20 %.	Assez bonne	Moins cher	
Polynésie française	Plus chère	Impôt sur le revenu à tranche maximale de 10 %.	Bonne	Moins cher	
Portugal	Moins chère de 25 %	Impôt sur le revenu avec tranche maximale de 49 %. 25 % de taxation sur les dividendes et 25 % maximum sur les plus-values mobilières.	Moyenne, même si le pays a déjà fait faillite !	Beaucoup moins cher	Justifier de revenus et d'une couverture sociale.

Pays	Vie courante	Fiscalité	Stabilité politique et fiscale	Immobilier, environnement et cadre de vie	Conditions de résidence
Suisse	Plus chère de 30 %	Impôts sur le revenu de 13 % à 40 %. Gros écart selon les cantons. Impôt sur le capital de 0,2 à 1 %.	Stabilité fiscale moyenne	Équivalent à la France	Justifier de revenus suffisants et d'une couverture sociale.
Thaïlande	Moins chère de 75 %	Impôts sur le revenu avec tranche maximale à 37 %. 10 à 15 % sur les dividendes.	Bonne	Immobilier très abordable, mais achat restreint pour les étrangers.	Avoir plus de 50 ans et justifier de plus de 20 000 € de revenus annuels.

Source : Partez pour une retraite dorée, *Publications Agora, 2012.*

La France (avec le Liechtenstein et la Suisse) est un des rares pays au monde à taxer le capital. Ne figurent pas les droits de succession qui sont en général nuls ou faibles, sauf pour la Nouvelle-Calédonie.

Quatre pays sans convention fiscale présentant des attraits certains.

Pays	Vie courante	Fiscalité	Stabilité politique et fiscale	Environnement et cadre de vie	Conditions de résidence
Andorre	Plus chère de 15 %	Néant, sauf plus-values immobilières de 15 %, dégressive et nulle après 12 ans.	Assez bonne	Immobilier assez cher	Dépôt minimal de 50 k€, investissement minimal de 400 k€, revenus annuels de plus de 36 k€.

Pays	Vie courante	Fiscalité	Stabilité politique et fiscale	Environnement et cadre de vie	Conditions de résidence
Campione d'Italie	Plus chère	Impôt sur le revenu équivalent à la France au-dessus de 166 000 €, mais largement inférieur en dessous.	Bonne	Cher, presque équivalent à Paris	Ne pas avoir de revenus en provenance d'Italie.
Costa Rica	Moins chère de 50 %	Néant, sauf revenus dégagés dans le pays.	Bonne	Abordable, mais plutôt en hausse	Prouver 1 000 $ par mois de retraite ou des revenus mensuels de 2 500 $.

Pays	**Vie courante**	**Fiscalité**	**Stabilité politique et fiscale**	**Environnement et cadre de vie**	**Conditions de résidence**
Liechtenstein	Plus cher qu'en Suisse	Impôt sur le revenu au taux maximal de 18 %. Taux de 3 à 17 % sur les plus-values mobilières. Impôt sur le capital de 0,9 %.	Bonne	Assez cher, mais moins qu'en Suisse	Justifier de revenus et d'une couverture sociale.

Source : Partez pour une retraite dorée, *Publications Agora.*

Les clés de la réussite de votre expatriation sont cependant aussi psychologiques. Vous ne devrez pas vous considérer comme « exilé », mais comme profitant de tranquillité d'esprit dans un nouveau cadre. Mais je suis certaine que si vous en êtes arrivé si loin dans votre lecture, c'est que vous êtes prêt à vous intéresser à votre pays d'accueil, à y nouer des amitiés et à ne pas vous contenter de n'y fréquenter qu'un petit cercle de nostalgiques des clochers gaulois.

Avec cet état d'esprit, l'expatriation ne sera pas un exil, mais une véritable expérience enrichissante.

Après avoir examiné vos dépôts, votre épargne de plus long terme et votre retraite, je vous propose de prendre un peu de recul pour réfléchir sur le rôle de l'État dans notre vie et de voir comment retrouver notre libre arbitre.

5

Non, l'État ne vous veut pas que du bien

« Un gouvernement qui serait fondé sur le principe de la bienveillance envers le peuple, tel celui du père envers ses enfants, c'est-à-dire un gouvernement paternel où par conséquent les sujets sont tels des enfants mineurs incapables de décider ce qui leur est inutile ou nuisible… un tel gouvernement, dis-je, est le plus grand despotisme qui se puisse concevoir. »
Kant, *Théorie et Pratique*, 1793.

Tous les jours, Gérard Tartampion vend 437 paquets de cigarettes sur lesquels est écrit en sinistres grosses lettres noires « Fumer tue ». Gérard Tartampion n'est pas un assassin, il ne sera pas mis en prison, c'est un bon citoyen. Il est buraliste. Il paie l'URSSAF, les charges sociales, la CSG, la CRDS, l'impôt sur les sociétés, l'impôt sur le revenu, ses taxes foncière et d'habitation et la TVA sur son argent honnêtement gagné en vendant des produits meurtriers fabriqués en toute légalité par des cigarettiers qui eux-mêmes s'acquittent de moult taxes.

L'État-providence a décidé que fumer était mortel pour ses citoyens, d'où l'avertissement « Fumer tue », puisqu'un homme averti en vaut deux. L'État prélève une taxe spéciale sur les cigarettes et profite de ce commerce. Le cancer du poumon est « remboursé par la Sécu ». Un nettoyage dentaire annuel est « pris en charge par la Sécu ». C'est bien normal, fumer tache les dents et on a le droit de mourir propre. Nous nageons dans le bonheur. Sauf que…

Pourquoi l'État sait-il mieux que nous ce qui est bon pour nous ?

Pourquoi l'État sait-il mieux que nous que faire de notre argent ?

La pensée dominante de notre époque nous conduit à croire que l'État sait mieux que nous ce qui est bien pour nous. Le corollaire est donc qu'il est aussi mieux placé que nous pour dépenser notre argent.

Le plus surprenant est peut-être que personne ne remet ouvertement en cause cette idée alors même que les États-providence sont un échec et sont en proie au surendettement. Comment en sommes-nous venus à admettre ce principe de la suprématie étatique, à avoir cette foi quasi inébranlable en ce dogme ?

En France, l'État inspire confiance depuis longtemps. Il est considéré comme protecteur, une protection qui dépasse largement ses missions régaliennes. Ce dernier adjectif, qui fleure bon l'Ancien Régime, désigne les fonctions de sécurité extérieure et intérieure qui se résument à quatre grands corps : diplomatie, armée, justice et police.

Dans un monde idéal, tout ceci est inutile. Dans un tel monde, personne n'a d'ennemi, on « se tient bien ». Si Rabelais et l'humanisme vous paraissent bien loin, voici le rappel de la devise gravée sur le fronton de la mythique abbaye de Thélème et sa justification.

« *FAIS CE QUE VOUDRAS, car des gens libres, bien nés, bien instruits, vivant en honnête compagnie, ont par nature un instinct et un aiguillon qui pousse toujours vers la vertu et retire du vice ; c'est ce qu'ils nommaient l'honneur. Ceux-ci, quand ils sont écrasés et asservis par une vile sujétion et contrainte, se détournent de la noble passion par laquelle ils tendaient librement à la vertu, afin de démettre et enfreindre ce joug de servitude ; car* ***nous entreprenons toujours les choses défendues et convoitons ce qui nous est dénié.*** »

François Rabelais, *Gargantua,* livre LVII, 1534, (version modernisée).

Le monde n'est pas idéal, bien sûr, et Rabelais n'était pas dupe, c'était même un farceur. Il y avait une faille – que je vous ai mise en gras dans la citation car j'aime bien vous faciliter la vie, cher lecteur, et vous épargner de la peine. La paresse est une bien belle qualité, comme nous le verrons plus tard, et il faut savoir la préserver.

Revenons à nos moutons du moment. Il faut bien police et armée pour empêcher certains d'entreprendre les choses défendues. D'où la nécessité des fameuses missions régaliennes de l'État, en particulier celle qui lui confère le droit de la « violence légale ». Ce faisant, un engrenage fatal se met en route et il est désormais convenu et largement admis que non seulement l'État ne veut que votre bien (ou notre bien à tous) puisqu'il nous protège, mais qu'en plus nous lui laissons décider ce qui est notre bien.

De l'État-providence à l'État parasite

C'est là que les ennuis commencent et grandissent au fur et à mesure que l'État grossit. En effet, l'État est un parasite. Comme tout parasite, contenu à la portion congrue, il est utile et efficace. Mais, dès qu'on laisse le parasite prendre de l'importance, son utilité diminue et sa nuisance se révèle. Omniprésent, l'État devient inutile et nuisible.

L'État est un parasite, car il est obligé de prélever une partie des richesses de ses citoyens pour pouvoir subvenir à ses propres besoins. Il est utile, car en échange il assume ses fonctions régaliennes ; il vous protège de « ceux qui veulent entreprendre les choses défendues et convoitent ce qui leur est dénié » : les vilains envahisseurs de l'étranger qui en veulent à notre douce France, les voyous, voleurs, brigands et autres criminels en cols bleus ou blancs qui nous pourrissent la vie sur le sol national.

Mais aujourd'hui l'État accapare 57 %[42] des richesses produites et a donc atteint une dimension nuisible. Pourquoi nuisible ? Parce qu'il nous appauvrit puisqu'il nous laisse beaucoup moins que ce que nous produisons, seulement 43 %. Nous avons perdu la main puisque nous n'avons plus la majorité des parts de la richesse que nous créons !

Pourquoi l'État saurait-il mieux que vous dépenser votre argent ? Ne cherchez pas et ménagez vos précieux neurones, il n'y a pas de bonne raison, de cause raisonnable. En effet, le rôle de la puissance publique n'est pas de créer de la richesse. Si vous comptez sur l'armée, la police et la justice pour gagner de l'argent, nous sommes en route vers l'enfer. La meilleure preuve que l'État n'est pas créateur de richesse est qu'il a besoin d'en prélever pour accomplir ses quatre missions régaliennes. À l'armée, la diplomatie, la police et la justice, le philosophe Adam Smith[43] avait ajouté les infrastructures (routes et réseaux) qui sont bénéfiques à la société mais qu'un entrepreneur privé ne pourrait pas financer avec profit. L'Union européenne s'est accordée pour définir que les services régaliens classiques sont « par nature en situation de monopole. Dans le contexte communautaire d'ouverture à la concurrence, ils sont

42 Selon l'OCDE, chiffre de 2010.

43 Adam Smith, *Recherches sur la nature et les causes de la richesse des nations*, 1776.

considérés comme non économiques et les règles de concurrence et du marché intérieur ne s'appliquent pas »[44]. En 1986, le Conseil constitutionnel[45] « a distingué, parmi les services publics nationaux, ceux qui, pour des raisons constitutionnelles, sont par nature insusceptibles de privatisation : sont *services publics constitutionnels*, pour l'essentiel, les services publics régaliens tels que la justice, la défense, la diplomatie et la police ».

Toutes ces précisions sont importantes pour bien comprendre que les services fournis par l'État n'ont pas de but lucratif. **Dépensant sans gagner, l'État est en réalité moins bien placé que vous pour savoir que faire de votre argent.** Lorsque vous allez consommer ou réinvestir votre argent, vous allez participer à l'enrichissement collectif, contrairement à l'État.

Je vous sens encore réticent à admettre tout ceci et vous allez me réclamer des preuves.

Pièce à conviction n°1

Les faillites des économies planifiées et totalement administrées par la puissance publique.

Que ce soit l'URSS, la RDA, Cuba, la Corée, personne ne nie plus la faillite des économies à planification centrale. Celles qui n'ont pas encore fait faillite tiennent par la terreur. En général, dans ces économies,

44 http://www.eurosig.eu/article45.html - Notions générales - Service régalien
45 Décision n°86-207 et commentaires d'eurosig.eu.

on produit en quantité surabondante ce dont personne n'a besoin et en revanche les citoyens se retrouvent confrontés à des pénuries chroniques concernant des biens indispensables. Même les Allemands se sont essayés en RDA à la planification centrale et le résultat fut lamentable, avec pour résultante la construction du mur de Berlin.

En France, aujourd'hui, plus de 57 % de l'activité économique – le PIB – provient du secteur public et moins de 43 % de l'activité du secteur privé. Dans les économies entièrement administrées par l'État, les économies communistes, presque 100 % de l'activité économique vient du secteur public. Le curseur est placé au bout de la plage de réglage.

L'exemple RFA et RDA est intéressant, car il est très rare. En effet, les « expériences économiques *in vitro* » sont impossibles. On ne prend pas un échantillon de population pour lui faire subir un test économique avant de valider une hypothèse. Cependant, dans le cas de l'Allemagne, nous avions des gens de même nationalité, de même langue, ayant reçu une éducation analogue, qui partaient de la même situation, un champ de ruine.

Ces gens furent soumis à deux régimes économiques différents. Nous étions très près d'une expérience scientifique rigoureuse puisque la seule donnée fondamentalement différente était l'ingérence étatique. Résultat, dans le fief de la planification centrale, VEB Sachsenring Automobilwerk Zwickau produisait des Trabant (luxe automobile suprême est-allemand) tandis que de l'autre côté de la frontière la Bayerische Motor Werke produisait des BMW (un des luxes[46] automobiles ouest-allemand). Avantage... BMW.

Vous allez m'objecter, cher lecteur dont je connais le sens critique aigu, que les économies communistes sont un cas extrême, que cela ne prouve en rien l'incapacité des États à bien dépenser en dehors de leurs missions régaliennes. Je sentais venir cette objection et je vais donc vous présenter une autre preuve.

Pièce à conviction n°2

Le plan français de sauvetage de l'automobile

Un exemple plus frais, cette fois, toujours dans l'automobile, mais en France. Retour en 2008. Les Américains qui ont acheté leur maison se prennent les pieds dans le tapis du crédit hypothécaire. S'ensuit une très grave crise financière. Plutôt que de laisser les financiers assumer leurs pertes, on décide de les sauver avec votre argent.

Mais, un peu secoué, même en Europe, l'*establishment* financier lèche ses plaies. Il s'ensuit une baisse du produit intérieur brut et une récession. N'oubliez pas que le PIB – censé mesurer la richesse collective résultant de l'activité économique – est une somme

46 Je ne veux pas me fâcher avec Mercedes, on ne sait jamais, si ce livre se vend, je pourrai peut-être m'en offrir une...

de dépenses[47]. Dans cette somme aurait dû figurer la nouvelle voiture que Monsieur Toutlemonde méditait d'acheter. Il y a sagement renoncé, d'autant plus qu'il lui aurait fallu souscrire un emprunt[48] et que la conjoncture lui semblait morose.

Mais, après avoir secouru le système financier, les gouvernements ont aussi décidé d'épauler ce qu'il est maintenant convenu d'appeler l'économie réelle et l'un de ses plus beaux fleurons dans l'inconscient populaire : l'automobile.

Les États ont donc eu une idée : la prime à la casse (*cash for clunkers* chez les Américains, qui avaient besoin de sauver General Motors). Le principe consiste à offrir une prime à l'acheteur qui troque sa vieille voiture contre une neuve. Cette prime est donnée par l'État. C'est donc de l'impôt pris à tous et redistribué exclusivement vers les acheteurs de voitures neuves, ce qui devrait théoriquement gonfler les profits des constructeurs privés.

Politiquement, c'est très vendeur. La vieille guimbarde polluante de Monsieur Toutlemonde part à la casse. Monsieur Toutlemonde contracte un emprunt, ce qui relance la machine financière. Le constructeur (en admettant qu'il soit français et qu'il fabrique en France) engrange une commande, ce qui relance

47 Dépenses de consommation des ménages + dépenses d'investissement des entreprises + importations - exportations.

48 Près de 75 % des voitures neuves s'achètent à crédit selon les études annuelles de SOFINCO.

l'industrie automobile. L'air est moins pollué, ce qui est bon pour les poumons de tout le monde. Certes, Madame Toutlemonde râle, elle aurait préféré faire des travaux d'aménagement. Mais nul système n'est parfait et il fallait bien que le gouvernement évite la récession. La voiture de Monsieur Toutlemonde étant un enjeu industriel, l'État s'est intéressé à elle.

Déjà, à ce stade, les sceptiques soulèveront quelques menues objections.

1. L'État a poussé Monsieur Toutlemonde à avancer dans le temps un achat. Ce qu'il a été incité à faire maintenant, il ne le fera pas plus tard. Avancer une dépense ne crée pas de richesse, mais prélève sur la richesse future.

2. L'État a poussé Monsieur Toutlemonde à s'endetter, ce qui dans un contexte de crise financière majeure n'est peut-être pas des plus judicieux. Pour passer un cap difficile, il vaut mieux ne pas avoir de boulet financier. La voiture de Monsieur Toutlemonde ne lui apporte aucune économie future, aucun retour sur investissement puisqu'il en avait déjà une.

3. L'État vient au secours d'une industrie qui déjà avant la crise donnait des signes d'essoufflement. Les constructeurs français perdaient des parts de marché. Pourquoi faut-il subventionner un secteur en difficulté, empêchant ainsi de l'argent de se diriger vers des endroits plus sains ? Pourquoi faut-il ar-

roser le désert ? De nombreuses entreprises gagnent de l'argent malgré la crise.

4. L'État a dirigé de l'argent vers l'automobile, faussant le libre arbitre des Toutlemonde. Madame Toutlemonde aurait pu, grâce aux travaux d'amélioration de la maison familiale qu'elle méditait, faire prospérer des artisans locaux.

Mais souvenons-nous du dogme selon lequel l'État sait mieux que nous comment nous devons dépenser notre argent...

Juin 2012, deux ans après la fin de la « prime à la casse », Carlos Ghosn, président de Renault, appelle l'État au secours. Le marché automobile français est en baisse de 16 %. Juillet 2012, Peugeot souhaite fermer une usine française, débauchant ainsi 8 000 personnes. Fin 2012, Peugeot sort de l'indice boursier des quarante plus grandes valeurs françaises. Madame Toutlemonde, elle, regrette toujours ses travaux d'amélioration et d'isolement qui auraient pu réduire les factures de gaz et d'électricité en augmentation de 2 % par an. Il est prévu que la facture d'électricité augmente au minimum de 50 % d'ici à 2020. Pas le prix des automobiles.

La prime à la casse d'un montant de 1 000 € a été instaurée fin 2008, s'est arrêtée fin 2010 et a coûté 1 Md€ aux contribuables. À cela s'ajoutait un système de bonus-malus écologique qui a coûté 1,2 Md€. Ces 2,2 Mds€ ont été prélevés sur la richesse collective et n'ont pas aidé l'industrie automobile à surmonter ses difficultés. À cela, la réponse habituelle des tenants de l'interventionnisme public est : « On n'en a pas assez fait. » Variante : « Sans, c'eût été pire. » C'est pour cela qu'un nouveau plan est en cours. Cette fois, l'État a décidé que la voiture propre – électrique ou au moins hybride – c'est bon pour nous !

L'interventionnisme prouve une fois de plus (en avait-on encore besoin ?) qu'il est inutile et nuisible, même à faible dose. Ce type de mesure fausse le libre arbitre et détourne des capitaux d'endroits où ils sont attendus pour être investis avec profit. Nous sommes face à des cas d'école pour lesquels personne ne sait réellement mesurer les conséquences des décisions. On ne peut que plus tard en mesurer les effets.

Ce n'est pas moi, c'est Daniel Cohen, vice-président de l'École d'économie de Paris, qui l'avoue : « Un économiste n'est pas un prévisionniste, son rôle est d'aider à déjouer les raisonnements économiques faux. [...] Une science ne se caractérise pas nécessairement par son pouvoir de prévision. »[49] Là, les scientifiques peuvent s'étrangler sur la dernière sentence. Le but d'une science est justement d'être prédictive. Mais, surtout, on se demande pourquoi diable les hommes politiques, prenant conseil des économistes, n'arrivent absolument pas à déjouer les raisonnements économiques faux.

---

49 *Enjeux Les Échos*, n° 292, 1er juillet 2012.

Un économiste sans prétention, Frédéric Bastiat, nous avait déjà avertis au XIXe siècle que le danger de ce type de mesure interventionniste résidait dans tout ce qu'on ne voyait pas[50]. « Dans la sphère économique, un acte, une habitude, une institution, une loi, n'engendrent pas seulement un effet, mais une série d'effets. De ces effets, seul le premier est immédiat ; il se manifeste simultanément avec sa cause, on le voit. Les autres ne se déroulent que successivement, on ne les voit pas ; heureux si on les prévoit. Entre un mauvais et un bon économiste, voici toute la différence : l'un s'en tient à l'effet visible ; l'autre tient compte et de l'effet qu'on voit et de ceux qu'il faut prévoir. »

Pièce à conviction n°3

L'échec de plus d'un demi-siècle de keynésianisme

Mon autre témoin est Lord Keynes lui-même. Faut-il vous le présenter ? John Maynard Keynes[51] réfute la théorie du laisser-faire de Jean-Baptiste Say[52], selon laquelle l'économie s'organise naturellement pour le mieux. Keynes soutient que la production, et donc l'emploi, dépend des dépenses. Lorsque la machine économique ralentit, l'État prend sur ses réserves pour distribuer de l'argent ; cet argent va stimuler la demande et la machine économique repart. Pas de récession, pas de chômage. Avec Keynes, la vie est toujours belle, l'État y

50 Frédéric Bastiat, *Ce qu'on voit et ce qu'on ne voit pas*, 1850.
51 Économiste britannique et fonctionnaire du Trésor (1883-1946).
52 Économiste français et entrepreneur (1767-1832).

veille. C'est ce que les économistes appellent les politiques de relance par la consommation ou encore de relance par la demande.

Depuis le New Deal de Roosevelt, les politiques de relance se sont succédé sans parvenir à enrayer le chômage, ni à éliminer les récessions et les crises. Au tout début, la relance était financée par les réserves de trésorerie des États, puis par la taxation, puis enfin par la dette. La dette n'est que de l'impôt différé, mais, par lâcheté, les gouvernements préfèrent faire le coup en douce, sans alerter leurs citoyens, en leur évitant l'effet désagréable de la taxation immédiate. La dette publique fut pendant longtemps ignorée car le PIB grossissait. De relance inutile en relance inutile, les dettes se sont amoncelées, elles deviennent maintenant ingérables.

Qu'est-ce qui cloche chez Keynes ? Tout d'abord le parti pris d'assimiler de la dépense – la consommation – à de la richesse. La consommation n'est que la manifestation possible de la richesse, mais elle n'est pas la richesse. L'image dans le miroir est le reflet du visage, mais n'est pas le visage. Dans la vie (ce que les médias ont récemment qualifié « l'économie réelle »), si vous consommez, quatre cas de figure sont possibles :

- Vous avez gagné de l'argent et dans ce cas votre consommation est bien la transformation de votre richesse. Votre consommation enrichit quelqu'un d'autre.

- Vous avez reçu de l'argent par le biais d'une subvention, d'une allocation. Votre consommation correspond à ce que d'autres – qui ont été taxés pour que l'État puisse vous verser cette allocation – ne consommeront ou n'investiront pas avec l'argent qui leur a été prélevé. Votre consommation a appauvri quelqu'un d'autre ou a réduit sa capacité d'investissement. Ce n'est pas de la richesse.

- Vous n'avez pas l'argent, vous l'avez emprunté, et dans ce cas la consommation est un pari sur votre future richesse. Votre consommation n'enrichit la collectivité que si vous remboursez parce que vous avez gagné votre pari.

- Vous n'avez pas l'argent, vous l'avez volé, et dans ce cas cette consommation ne correspond à aucune richesse passée ou future. Cette dépense appauvrit la communauté, qui se voit contrainte de dépenser de l'argent pour doter police et justice d'un budget les rendant capables d'empêcher de nuire les sinistres individus de votre espèce.

Assimiler des dépenses à de la richesse est un raisonnement d'autant plus biaisé que nous nous sommes habitués à vivre dans l'économie du crédit. Le premier de nos trois cas devient donc rare. L'immobilier s'achète à crédit, les voitures s'achètent à crédit, certains consomment à crédit, s'offrent des vacances à crédit et plus récemment les jeunes prennent des crédits pour financer leurs études. Cependant, nous avons tellement bien assimilé les idées de John Maynard

Keynes que nous appuyons toutes nos statistiques économiques sur des mesures de dépenses en feignant de croire que ces dépenses sont des richesses. Ce n'est pas le cas, puisqu'une part croissante de ces dépenses n'est pas financée ou est financée par de l'emprunt, sans autre garantie que la croissance future. Vous ne pouvez pas compter des prêts à la consommation comme des revenus, n'est-ce pas ? Pourtant, c'est ce que laissent croire les statistiques qui s'appuient sur le PIB.

Malgré cette erreur de naissance, le keynésianisme a rencontré un vif succès. Il permet en effet aux autorités de jouer un rôle bien plus important que celui de simple administrateur des fonctions régaliennes et aux hommes politiques de débattre sur la façon dont ils vont remplir la grande mission qui consiste à lutter contre les récessions économiques en distribuant de l'argent qu'ils n'ont pas. Avec de tels atouts, les idées de Keynes ne pouvaient que s'imposer et sa théorie lui valut d'être anobli.

C'est là que nos ennuis commencent, car la théorie de Keynes prévoyait aussi l'euthanasie du rentier, un être considéré comme nuisible au bon lissage de l'activité économique.

« L'euthanasie du rentier, de l'investisseur passif, ne sera pas brutale, mais plutôt graduelle et prolongée »[53].

En effet, le plan initial de Keynes prévoyait de taper dans la cassette du rentier pour pratiquer sa judicieuse politique de relance. Le détenteur de capital – l'épar-

53 Keynes, *General Theory of Employment, Interest and Money*, 1936.

gnant – touche de l'argent de façon injustifiée lorsque les taux d'intérêt sont trop élevés. Il « gagne de l'argent en dormant »[54] et cela c'est très mal. Pourtant, ni dormir ni gagner de l'argent ne sont (encore) des crimes ou des délits. Mais certains estiment que c'est contraire à la justice sociale.

Imaginez que votre épargne vous rapporte du 10 % et qu'il n'y ait pas d'inflation, ce serait le bonheur, non ? Eh bien non, pour Keynes, vous méritez d'être euthanasié financièrement. C'est facile, il suffit de baisser les taux d'intérêt et de créer de l'inflation en faisant surgir de l'argent qui ne correspond à rien. Ceci est tout à fait à la portée des États, qui ont deux merveilleux outils pour cela : une banque centrale et le monopole de la monnaie. Nous reviendrons plus tard sur ces deux points. Mais finissons-en d'abord avec la lente agonie keynésienne de cet ignoble rentier.

Oui, vous avez le droit d'aspirer au noble statut de rentier

En fustigeant les capitalistes oisifs, Keynes dénie au bipède son aspiration la plus noble : vivre sans travailler, sans rien faire, la paresse comme récompense suprême d'un travail antérieur. Oui : la paresse est source de productivité. Ce désir de préparer l'avenir, d'épargner nos forces nous distingue des animaux les plus industrieux. Les fourmis qui ne voient aucun inconvénient à transporter de lourdes charges à la sueur de

54 Formule désormais historique de François Mitterrand.

leur front n'ont pas inventé la roue. Les rongeurs qui amassent des provisions n'ont pas jugé bon d'inventer la culture. Pire encore, l'écureuil ne pense pas à la cartographie alors qu'il est connu qu'il oublie où il a caché ses réserves[55].

Nous autres humains, au contraire des animaux, recherchons toujours le moindre effort, nous voulons plus pour moins. Rentier est la plus noble aspiration de l'âme humaine qui, au lieu de se consacrer à assouvir des besoins primaires, pourra être libre de regarder en toute quiétude un beau ciel étoilé, de réfléchir à de grandes questions existentielles telles que : « Pourquoi y a-t-il quelque chose plutôt que rien ? », au lieu de penser avec angoisse : « Que vais-je manger demain ? ».

Le décor de la grande tragédie est en place. D'un côté ceux qui aspirent à accéder au noble statut de rentier, à s'assurer une réussite sociale, à mettre de l'argent de côté ; de l'autre les serviteurs de l'État qui souhaitent faire main basse sur cet argent afin de le dépenser pour le plus grand bonheur collectif et leur réélection ainsi achetée. Justification implacable : l'aspiration du rentier serait entachée d'égoïsme. Petit à petit, le rentier a donc été allègrement euthanasié, comme le prévoyait Keynes. En France, les économistes estiment que le génocide des rentiers, ruinés par l'inflation, s'est achevé avant la Seconde Guerre mondiale.

55 On peut d'ailleurs trouver très inquiétant qu'une grande banque de détail française ait choisi comme emblème cet animal. Espère-t-elle que ses clients oublient leurs noisettes sur leurs comptes ?

Toutefois, il s'est produit deux rebondissements inattendus dans cette grande tragédie. Tout d'abord, le rentier du XXIe siècle est devenu le retraité de son État-providence. Le rentier au sens de Keynes, qui pouvait confortablement vivre sans craindre dévaluation et inflation, est effectivement mort. Ensuite, les États-providence sont devenus incapables d'assumer le colossal endettement résultant de presque un siècle de keynésianisme. Le rentier moderne est donc menacé d'une fin tragique.

Un État en difficulté devient très dangereux, beaucoup plus dangereux qu'un individu isolé. Déjà en temps normal, un État qui outrepasse ses fonctions régaliennes est nuisible. Nous avons vu qu'il est incapable de créer de la richesse et que ce qu'il prélève diminue la richesse collective puisque, si les gens capables de créer de la richesse avaient conservé leur argent, ils auraient pu en créer encore plus, avec tous les avantages réels que peut en tirer la collectivité.

Attention, ne vous méprenez pas : je ne prétends pas que le « laisser-faire » conduise au paradis terrestre. Je dis seulement que c'est une politique moins nuisible que l'interventionnisme keynésien. Dans le système du laisser-faire, ceux qui ont pris de mauvais risques ne seront pas sauvés, maintenus en vie artificielle avec de l'argent pris à d'autres. Ils disparaîtront. Dans le système du keynésianisme poussé à outrance tel que nous le vivons, les brebis galeuses et les canards boiteux sont sauvés et survivent au détriment de ceux qui enrichissent véritablement la collectivité.

Contrairement à ce que pensait Keynes, l'interventionnisme et la planification sont plus nuisibles qu'une crise qui corrige des excès et permet de repartir sur des bases saines.

Le capitalisme sans la faillite, c'est comme le communisme sans le Goulag, un système bancal qui ne peut fonctionner.

Notre tragédie – qui oppose le citoyen rêvant de devenir rentier à l'État-providence – arrive à son dénouement. Le malentendu va bientôt être dissipé. Les retraites sont en faillite, on ne peut pas les nationaliser, c'est déjà fait. Le système de santé menace aussi de s'écrouler, on ne peut pas le nationaliser, c'est fait aussi. Le secteur privé, le seul qui puisse espérer enrichir la collectivité, fond comme neige au soleil. Toutes les cartouches ou presque ont été tirées. L'assistanat généralisé, indifférencié et sans contrepartie, tel que nous le pratiquons actuellement, demande beaucoup plus d'argent que ce qui est prélevé. L'État, pour survivre dans sa taille actuelle, n'a plus qu'une solution : faire main basse sur notre argent, l'épargne. Tous les moyens seront bons pour assurer cette survie, y compris nous dépouiller.

Rebouclons sur notre cher Rabelais : c'est l'État qui va désormais « entreprendre les choses défendues et convoiter ce qui lui est dénié », votre argent, votre propriété légitimement acquise. Nous citoyens, « écrasés et asservis par une vile sujétion et contrainte, allons nous détourner de la noble passion par laquelle nous tendions librement à la vertu, afin de démettre et enfreindre ce joug de servitude ».

Pour vous défendre, pour avoir un temps d'avance, il faut retrouver un mode de pensée différent : arrêter de penser que l'État a nécessairement raison, que des fonctionnaires savent mieux que nous-mêmes ce qui est bon pour nous.

N'oubliez pas, nous avons vu qu'en France plus de 57 % de l'activité économique provient du secteur public. Nous ne sommes pas arrivés là par hasard. Nous y sommes parce que nous avons pensé – et beaucoup continuent à le penser – que l'État est mieux placé que nous pour prendre des décisions dans de nombreux domaines où il n'a finalement rien à faire. Historiquement, nous sommes des nostalgiques du colbertisme, des fabriques d'État, corderies, soieries, faïenceries royales. Nous nous souvenons du faste de ces entreprises, mais nous avons oublié que, dès qu'elles ne furent plus subventionnées, elles sombrèrent.

Fiche pratique numéro 4

Reprenez mentalement la main

Refusez le conditionnement de la pensée ambiante, de la « pensée unique ». L'État hypertro-

phié ne veut pas votre bien et Keynes veut vous euthanasier financièrement.

Prenez le maquis moralement, mais ne vous faites pas repérer comme asocial. La parade consistera à vous faire passer pour un intellectuel. À cette fin :

- N'avouez jamais que vous n'aimez pas payer des impôts car vous aspirez à pouvoir un jour vivre dans l'aisance sans travailler. Ne dites pas ouvertement que le gaspillage public recule cette échéance et par conséquent vous agace.

- Déclarez par exemple que votre seule ambition est de consacrer une partie de votre vie à une étude approfondie de la philosophie et de la métaphysique et que vous épargnez uniquement dans ce but louable.

- Jetez négligemment quelques noms ardus en pâture (Spinoza, Kant[56], Heidegger, Hegel) et si votre interlocuteur, par le plus grand des hasards, les a lus et a une opinion à leur sujet, revenez à Rabelais. Là au moins vous serez en terrain sûr.

- Pour briller dans les dîners, n'hésitez pas à citer Rabelais ou Kant.

56 Choisissez de préférence une version originale de la *Kritik der reinen Vernunft*, imprimée en gothique, que vous conserverez à portée de main pour donner de la crédibilité à votre couverture.

Dans les chapitres suivants, je vous propose de nous plonger dans des sujets difficiles (la monnaie et l'inflation), voire douloureux (les impôts). Il me semble que c'est utile pour que vous compreniez mieux encore où les autorités veulent nous mener et comment vous défendre.

Tous ces domaines sont en général abordés par des auteurs qui partent du postulat que « l'État est bon ». Vous venez de voir – et c'est très important – que l'État n'était pas nécessairement bon ou moral. Comme toute structure sociale, il souhaite survivre et grandir. Si vous abordez des sujets comme la monnaie et l'impôt avec ce regard différent, vous verrez que les perspectives changent et que vous serez amené à adopter des règles de vie financière peut-être légèrement différentes de celles dont vous aviez l'habitude jusque-là.

6

Les chausse-trapes de la monnaie

« Qu'il y ait inflation et que le niveau des prix monte, le créancier perd et le débiteur gagne. »
Irving Fisher, *L'Illusion de la monnaie stable*, 1927.

Nous avons vu que la paresse était noble et que tout bipède aspirait un jour à pouvoir vivre paisiblement sans se donner beaucoup de mal. La monnaie (ou l'argent) est un instrument indispensable pour atteindre ce but. En effet, comment stocker efficacement la valeur de votre travail pour pouvoir ensuite dépenser comme et quand bon vous semble ?

Tout ceci vous paraît naturel, allant de soi, et pourtant, pesez bien ces mots : « comme » et « quand ». Vous allez réaliser que, bien souvent, vous dépensez de l'argent dans des choses inutiles, que vous n'auriez pas choisies spontanément, et que le moment, le « quand », ne vous appartient pas toujours.

Pensez à toutes les dépenses qui vous sont imposées par une loi ou une norme quelconque. Effet plus pervers, l'amour si français de la terre puis de la pierre et de l'immobilier ne vient-il pas d'une crainte d'une perte de la valeur de la monnaie ? « Avec ça, il me restera toujours quelque chose », se dit l'épargnant.

L'État-providence n'entend pas du tout que vous disposiez librement de votre pécule ou capital. Il souhaite contrôler autant que faire se peut le « comme » et le « quand » de vos dépenses. Il s'approprie déjà 57 % (puisque c'est le poids économique du secteur public) des richesses produites, ce qui réduit votre « comme » à 43 %. Par ailleurs, des incitations fiscales vont lui permettre d'orienter vos dépenses, nous y reviendrons. Mais l'État contrôle aussi la monnaie et ceci va lui permettre de vous influencer d'une autre façon.

La monnaie est un instrument puissant qui permet de peser sur vos finances par le levier de ce que les autorités appellent la politique monétaire. Cette dernière expression recouvre les réformes monétaires, les dévaluations et les dévalorisations, la politique de change, le contrôle des changes, les taux d'intérêt des banques centrales, la création monétaire, etc. Tout un arsenal que vous subissez sans en être toujours très conscient. Par exemple, la répression financière fait que les taux des obligations des États réputés très sûrs sont inférieurs à l'inflation officiellement mesurée.

Mais avant de démonter tous ces mécanismes et de voir comment vous pouvez vous prémunir de leurs effets nuisibles, il faut nous replonger un peu dans l'histoire de la monnaie, qui est d'abord l'histoire… d'un long tâtonnement.

Pourquoi le troc trouve très vite ses limites

Monsieur Cromagnon vient de tuer un bison. Madame Cromagnon est soulagée, l'hiver se présente bien pour les petits Cromagnon. Encore faut-il préparer le bison à passer l'hiver, le saler et le fumer. Madame Cromagnon s'aperçoit qu'elle manque de sel pour apprêter ce gros bison. Elle part voir le vieux qui ramasse du sel dans des flaques qu'il a aménagées en bord de mer. Hélas, il n'est pas franchement intéressé par un cuisseau de bison. Il n'a plus de dents et préférerait éventuellement échanger son sel contre du poisson, plus facile à mastiquer. Madame Cromagnon tente donc de négocier avec le pêcheur. Ce dernier prendrait bien un cuisseau de bison, mais il est en rupture de stock d'hameçons et le boulot d'abord. Il a l'habitude de négocier son poisson contre des hameçons en os et il ne sait absolument pas si l'artisan des hameçons serait intéressé par du bison. Il ne veut pas prendre le risque de changer son poisson contre du bison. Bref, Madame Cromagnon est confrontée à un casse-tête, a perdu beaucoup de temps en palabres et déplacements. Monsieur Cromagnon se plaint que, comme d'habitude, elle n'est jamais contente, que si son gros bison ne lui va pas, elle n'a qu'à chasser elle-même. Les petits Cromagnon sont troublés par les disputes parentales et commencent à pleurer. Cette histoire émouvante qui commençait si bien peut mal se terminer.

Les soucis des Cromagnon montrent les limites du troc dès qu'une société commence à s'organiser et que le travail se spécialise. Le bison est un « actif », comme vous dirait votre conseiller financier, mais encore faut-il pouvoir l'échanger facilement, donc le monnayer. Le bison n'est pas un « actif liquide ». Dès qu'on dépasse le niveau d'un seul échange de marchandise à marchandise – bison contre sel dans notre exemple – le troc devient inextricable. D'où la monnaie et l'apparition des échanges de marchandises en monnaie et, inversement, des échanges de monnaie en marchandises.

Après moult tâtonnements du côté du bétail (qui a l'avantage de s'auto-transporter), des coquillages, des perles, du jade, l'or et l'argent ont fini par émerger en tant que monnaies, bien avant que les États ne viennent fourrer leur nez dans les échanges commerciaux.

L'or et l'argent possèdent en effet des qualités indispensables à une bonne monnaie :

- facilement identifiables ;
- fractionnables ;
- imputrescibles, résistants, inaltérables, inutiles donc non consommables, stockables et **capables de conserver leur valeur.**

Ceci nous amène facilement aux trois fonctions d'une monnaie efficace :

- instrument d'échange, donc facilement reconnu ;
- instrument de mesure, instrument comptable ;
- stockage de la valeur dans le temps (à l'échelle de vie de quelques générations d'humains).

Depuis la nuit des temps, de très grands esprits se sont penchés sur la monnaie, notamment Aristote, qui pensait que cette dernière devait avoir une valeur intrinsèque, ce qui est le cas de l'or et de l'argent. L'or est spécialement inutile (son usage industriel reste très limité), mais il possède une valeur intrinsèque car son extraction demande du travail. La rivière Pactole qui charriait de grosses pépites et prodiguait de l'or facile fut une exception. Donc, Aristote pensait que la monnaie devait avoir une valeur intrinsèque et l'humble vermisseau que je suis n'ose pas contredire Aristote.

Platon, puis d'autres penseurs, économistes ou intellectuels, l'ont cependant fait et estiment qu'une monnaie peut fonctionner si elle est dénuée de valeur. C'est exactement ce qu'est la monnaie fiduciaire que nous manipulons quotidiennement. Aujourd'hui la monnaie est au mieux un bout de papier avec une mention chiffrée. Mais de plus en plus souvent la monnaie est seulement digitale, c'est-à-dire une quantité inscrite quelque part dans une mémoire informatique.

Les idées, c'est bien, mais les faits c'est mieux. Érasme disait que « l'expérience est le maître des imbéciles »[57]. De ce point de vue, je me range résolument dans le camp des imbéciles et l'empirisme vaut bien de nombreuses cogitations théoriques. Aujourd'hui, nous pouvons donc constater que le cimetière des monnaies fiduciaires est vaste, malgré le jeune âge de ces monnaies. Platon n'eut pas la chance de procéder au même comptage que nous deux mille quatre cents ans plus tard. Plus précisément, parmi 775 monnaies fiduciaires qui ont existé ou existent encore, 599 sont mortes[58]. La durée de vie moyenne d'une monnaie fiduciaire est de vingt-sept ans et, très inquiétant pour nous, une monnaie fiduciaire sur cinq meurt d'hyperinflation. Donc victoire d'Aristote sur Platon dans la réflexion sur la monnaie. Pour survivre, il vaut mieux qu'une monnaie ait une valeur intrinsèque. L'or et l'argent ont toujours une valeur.

Mais je sens, cher lecteur, l'incrédulité vous submerger. « Nous ne sommes pas à l'ère de John Law. Il s'agit de vieilles expériences. Aujourd'hui c'est différent… » Détrompez-vous car, sur les pierres tombales de notre cimetière monétaire, figurent de nombreuses dates appartenant au XXe siècle. La cupidité, la corruption, le sentiment d'impunité, l'avidité, l'amour du pouvoir sont des constantes. Remplacer le daim (premiers billets) par l'écorce, les parchemins, puis le papier et enfin l'informatique et les cartes à puce, ne change rien à la nature profonde du bipède.

57 « *Experientia magistra stultorum.* »
58 Mike Hewitt, « The Fate of Paper Money », 7 janvier 2009, http://dollardaze.org/blog/?post_id=00405

Nous pouvons aussi constater chez les survivantes de ces monnaies fiduciaires – qui n'ont pas de valeur intrinsèque – qu'elles se dégradent dans le temps. La livre sterling (trois cents ans d'existence) – monnaie britannique maintenant déconnectée de l'argent – ne vaut plus que 0,5 % de sa valeur initiale. À ce sujet, vous avez un amusant site qui vous permet de comparer (entre autres) le pouvoir d'achat de la livre depuis l'an de grâce 1245 (http://www.measuringworth.com).

En France, les tables de conversion de pouvoir d'achat en euros ou en francs, éditées par l'Insee, ne vous permettent pas de remonter aussi loin dans le temps car elles s'arrêtent en 1901 (http://www.insee.fr/fr/themes/calcul-pouvoir-achat.asp). Cependant, vous pourrez y constater que le pouvoir d'achat de 1 000 francs de 1951 était équivalent au pouvoir d'achat de 12 779 francs de 2001.

« Une monnaie papier, basée sur la seule confiance dans le gouvernement qui l'imprime, finit toujours par retourner à sa valeur intrinsèque, c'est-à-dire zéro », disait Voltaire. Ceci nous amène à une question de Candide, mais que fait donc l'État, n'est-ce pas lui le garant de la monnaie ?

De l'État garant de la monnaie à l'État faux-monnayeur

Mes mésaventures concernant Monsieur et Madame Cromagnon n'ont aucune valeur archéologique, mais les découvertes dans ce domaine montrent que la monnaie était d'abord marchande. Ce n'est qu'au VIe siècle avant Jésus-Christ, en Lydie, qu'apparaît la première monnaie signée et frappée par un État[59]. Que s'est-il donc passé ?

Aristote[60] nous donne la clé de l'énigme : contrôler l'or ou l'argent, la pureté (titrage) de ces métaux, peser mais aussi vérifier les moyens de pesage ralentissent les transactions. L'État se pose donc en prestataire de services : en frappant des pièces, il en garantit la masse et le titrage. Les transactions et donc les échanges peuvent ainsi s'accélérer. Il suffit de compter et non plus de peser ou d'analyser un métal. **La monnaie devient ainsi un service public et c'est le début de beaucoup de nos malheurs.**

Le premier grand faux-monnayeur a toujours été l'État. Mais avant d'en arriver à cette extrémité, ses moyens les plus doux pour gagner de l'argent avec la monnaie sont au nombre de deux :

- Se constituer un monopole, en exigeant que toutes les transactions se fassent dans sa monnaie, ce qui lui permet de facturer des frais de change. C'est ce qu'on désigne par le « cours légal ». En France, par exemple, l'euro a maintenant cours légal. Vous ne pouvez pas légalement acheter ou vendre en dollars

59 Philippe Simonnot et Charles Le Lien, *La Monnaie, histoire d'une imposture*, Perrin, 2012, p. 30.
60 Aristote, *Politique*.

ou en francs suisses sur le sol français. Votre banque vous débitera des opérations de change.

- Fixer une valeur nominale – c'est-à-dire la valeur faciale de la pièce, le chiffre qui figure dessus – supérieure à la valeur vénale – c'est-à-dire la valeur marchande du métal contenu dans la pièce. Cette survaleur est officiellement justifiée par le travail de la certification et de la frappe. À l'époque d'Aristote, la survaleur était de 5 %, une importante commission qui permettait d'engraisser le Trésor. S'il y avait 100 frappé sur la face d'une pièce d'argent, la valeur marchande de l'argent contenu dans cette même pièce était donc de 95.

Mais la dernière étape d'un État aux abois n'est plus la prestation de services, l'authentification ou la certification, payée très cher. C'est le faux-monnayage. Dans les cas de faux-monnayage officiel, le sceau ou la frappe sont certes les bons, mais les utilisateurs sont abusés sur la qualité de la valeur marchande de la monnaie. Reprenons l'exemple de notre pièce d'argent frappée à 100. L'État en difficulté remplace une partie de l'argent par du nickel et la valeur marchande du métal contenu dans la pièce n'est plus de 95 mais seulement de 80 ou de 60. Cependant, celui qui a la pièce en main ne voit pas le changement d'éclat. Il pense que la pièce frappée 100 a toujours 95 de valeur en argent.

La première monnaie étatique apparut donc au VIe siècle avant Jésus-Christ, probablement frappée par Alyatte, richissime roi de Lydie et père de Crésus.

Alyatte choisit d'abord d'utiliser une monnaie d'électrum, un alliage naturel d'or et d'argent. C'était cet alliage que charriait la mythique rivière Pactole.

Dès les premières années d'existence de cette monnaie officielle, les dérives commencèrent. Voilà que Crésus a des ambitions pour la Lydie : elle vient d'échapper aux griffes de l'Assyrie et Crésus entend mettre sous sa coupe plusieurs cités grecques marchandes. Les impôts tombent, sous la forme de prélèvements et de tributs[61].

Sournoisement, Crésus dilue l'électrum naturel en augmentant la part d'argent. L'électrum naturel comporte près de 75 % d'or, l'électrum artificiel des statères de Crésus n'en comportait plus que 50 à 55 %[62]. Sachant que la valeur relative de l'argent et de l'or était à l'époque de 1 à 10, les bénéfices du Trésor lydien furent gigantesques. L'affaire se termina cependant mal pour Crésus qui fut limogé par les Perses. Ces derniers imposèrent alors leur système monétaire en or.

Ce qui est important dans cette histoire et qui n'échappera pas à votre sagacité, c'est que **la première monnaie étatique fut aussi la première à être manipulée par son émetteur qui prétendait en être le garant.** L'État tricheur remonte presque aussi loin que sa mainmise sur la monnaie.

61 Olivier Picard, « L'Invention de la monnaie et les Empires, de Crésus à Cyrus le Perse et aux Grecs », *La Nouvelle Revue géopolitique*, n° 106, juillet 2009.
62 Emmanuel Le Roy Ladurie, « Naissance de la monnaie : du lingot à l'euro », *Le Figaro Littéraire*, 21 juin 2001.

Le faux-monnayage officiel consiste toujours à diluer la monnaie. L'État espère ainsi paraître plus riche et, le plus souvent, cela fonctionne très bien au début. Ensuite l'illusion se dissipe, les citoyens flairent la supercherie et les prix s'ajustent à la monnaie diluée, ce qui veut dire qu'ils montent. Un signe infaillible de désordre ou de manipulation monétaire est une hausse des prix à l'unisson. Le changement de l'offre et de la demande d'un bien ou d'un service particulier ne touche en effet que le prix de ce bien ou de ce service (et éventuellement, mais dans une moindre mesure, les biens et services qui en dépendent) et non pas l'ensemble des prix de tous les biens et services avec la même intensité. La première caractéristique de l'inflation est donc une hausse de tous les prix.

Toutes les réformes monétaires de l'Histoire présentent cette constante : diminuer la valeur de la monnaie pour donner l'illusion de l'abondance ; ainsi, l'émetteur, l'État, paraît plus riche ou solvable. Les méthodes les plus courantes consistaient à diminuer la masse des pièces, à baisser la pureté des métaux, à imposer une parité fixe et arbitraire entre l'or et l'argent en donnant plus d'importance à ce dernier métal qui est moins précieux. Les méthodes modernes consistent à imprimer du papier ou à octroyer des prêts sans garantie aucune (comme par exemple un stock d'or) ou sans hypothèque. Les prêts sans gage ne sont rien d'autre que de l'argent surgi du néant.

Entre décembre 2011 et février 2012, la Banque

centrale européenne a ainsi fait surgir des milliers de milliards d'euros sous forme de prêts à des banques commerciales. La BCE n'a pas les actifs correspondants à ces prêts, il s'agit de pure création monétaire. Plus d'euros circulent et, à terme, chacun de vos euros se retrouve dévalorisé.

Ce faisant, l'État (ou la banque centrale) détruit le rôle de stockage de valeur de sa monnaie. Il se trouve que cette fonction est parfaitement indifférente aux gouvernements qui ne thésaurisent pas, mais sont au contraire dispendieux. Le floué dans l'histoire, c'est vous, qui pensez pouvoir épargner dans la monnaie en question et croyez vous réserver le droit d'utiliser votre pouvoir d'achat quand bon vous semble. Mais le jour venu, vous vous apercevez que tout s'est renchéri. Toutes ces malversations éloignent le moment à partir duquel vous pourrez considérer pouvoir vivre sans travailler. Notre but initial, souvenez-vous, est d'accéder au digne statut de rentier.

Le va-et-vient des bonnes et mauvaises monnaies

« La mauvaise monnaie chasse la bonne » est une expression de Nicolas Oresme, confesseur de Charles V et auteur du *Traité sur l'origine, la nature, le droit et les mutations des monnaies*, écrit en 1355. Par cette phrase, Nicolas Oresme désignait le principe selon lequel la bonne monnaie pour les citoyens, celle qui remplit bien son rôle de réservoir de valeur, est thésaurisée. Elle disparaît donc petit à petit de la circulation. La mauvaise monnaie sert aux paiements courants ; elle brûle les doigts et circule très vite.

Le traité de Nicolas Oresme met en relief le principe suivant, que confirmeront sans faillir sept siècles d'Histoire : les mutations ou réformes monétaires décidées par les autorités sont nuisibles ; elles détruisent la valeur constante de la monnaie et donc sa fiabilité. Toute la chaîne économique en souffre, car le doute est jeté sur chaque transaction, la confiance s'efface au profit de la suspicion.

Nous vivons une époque où la monnaie n'a plus aucune valeur marchande. Nous manipulons des monnaies de Platon et non des monnaies d'Aristote. Elles ne valent que par la confiance que l'on accorde à leurs émetteurs. L'euro, monnaie que nous utilisons encore à l'heure où j'écris ces lignes, est une construction encore plus hasardeuse : une union monétaire bâtie sur un bouquet de monnaies fiduciaires dont certaines, comme la drachme, étaient initialement corrompues.

Cependant, le côté sympathique de l'euro est que justement, ne dépendant d'aucun État, il devait être *a priori* moins sujet à manipulations. Hélas, c'était sans compter sur l'admirable créativité des banques centrales, institutions chargées d'appliquer la « politique monétaire ». La Banque centrale européenne a ainsi officiellement pour objectif principal de « maintenir la stabilité des prix ». Concrètement, cela veut dire qu'elle détermine le taux directeur. Les économistes keynésiens considèrent ce taux d'emprunt à court terme comme un gros curseur capable de rythmer la vie économique. Si les taux à court terme montent, le crédit est moins abondant ; à l'inverse, s'ils baissent, le crédit s'en trouve facilité. Nos apprentis sorciers s'imaginent ainsi contrôler le rythme économique de centaines de millions de gens.

Comment le crédit facile et la monnaie à valeur incertaine engendrent des bulles immobilière ou foncière

Il est très regrettable que les économistes méprisent l'Histoire. Dès l'Empire romain, on constate un lien direct entre la quantité de monnaie disponible, les taux d'intérêt et le prix des terres et des bâtis.

Lorsque la monnaie se faisait rare, les taux d'intérêt montaient et le prix du foncier baissait. Inversement, lorsque la monnaie était abondante, les taux d'intérêt baissaient et le prix du foncier montait, constate l'historien Jean Andreau[63]. La régulation se faisait assez simplement et ne nécessitait alors aucune intervention de banquier central. Les notables de l'Empire étaient les quelque six cents sénateurs et milliers de chevaliers, ainsi que quelques riches esclaves affranchis. Ils vivaient des revenus de leurs patrimoines constitués de terres, bétail, esclaves et résidences données en location, ainsi que de prêts – d'argent placé avec intérêt, donc.

63 Jean Andreau, *Banque et affaires dans le monde romain : IVe siècle av. J.-C. – IIIe siècle ap. J.-C.*, Le Seuil, coll. Points Histoire, 2001.

Dès que le taux d'intérêt était jugé insuffisant, ces patriciens réallouaient leurs actifs vers l'immobilier et le foncier, dont les prix montaient sous l'effet de la demande. Inversement, dès que les taux d'intérêt s'élevaient, il devenait plus avantageux pour eux de recommencer à prêter et le foncier et l'immobilier baissaient. Évidemment, à l'époque, la monnaie était métallique (or, argent et bronze). Une monnaie abondante signifiait que l'argent affluait vers l'Empire, que le commerce était avantageux. Une monnaie rare signifiait que l'argent s'en échappait. La hausse des taux qui en résultait poussait alors le capital à se déplacer vers des activités à risque plus rémunératrices que la culture, l'élevage ou l'immobilier.

Des taux d'intérêt trop faibles et une monnaie dont la valeur est incertaine conduisent donc à une appréciation excessive de l'immobilier et du foncier et à détourner les capitaux des activités à risque mais à plus forte valeur ajoutée. Aujourd'hui n'est pas différent d'hier et nous ne sommes pas plus intelligents que les Romains. La baisse des taux d'emprunt et donc des rendements obligataires en Irlande et dans les pays du Sud de l'Europe – y compris la France – a conduit à un gonflement anormal des prix de l'immobilier depuis 2000.

En Irlande, en Espagne et au Portugal, la baisse des prix immobiliers est substantielle et contribue à mettre en difficulté les banques commerciales, ce qui aggrave les finances publiques de ces pays. Gardez cela présent à l'esprit. La baisse de l'immobilier en France va à nouveau mettre nos banques en difficulté.

Pays	**Coefficient multiplicateur des prix de l'immobilier entre 2000 et 2011**	**Année du sommet de l'immobilier**
Irlande	3,5	2007
Espagne	2,4	2008
États-Unis	1,9	2006
Italie	1,7	2008
Royaume-Uni	2,2	2007
Belgique	2,1	Pas de chute encore sensible
Canada	2,15	Pas de chute encore sensible
Suède	2,2	2011
France	2,3	2012 ?

Sources : Journal du Net, *Banque des règlements internationaux.*

Avec le maintien d'une politique de taux très faible, la bulle immobilière commence à se gonfler en Allemagne. Jusqu'à présent, les pays économiquement forts de l'Europe avaient échappé à cette fatalité, les investissements industriels y rapportant plus que l'immobilier. Si vous êtes épargnant et que vous savez qu'un placement dans une entreprise vous rapportera 5 % par an ou plus, vous préférez confier votre argent à une belle PME plutôt que de le mettre dans la pierre. C'est exactement ce qui s'est passé en Allemagne.

Les pays du Sud avaient traditionnellement des monnaies faibles, c'est-à-dire subissant une forte érosion dans le temps. Pensez à la drachme, à la lire, à la peseta, à l'escudo et au franc. Si vous croyez que le franc était une monnaie forte, voici un petit rappel historique utile pour rafraîchir les mémoires. Lorsque le nouveau franc fut promulgué en 1960, il était à parité avec le franc suisse : 1 nouveau franc français valait donc 1 franc suisse. Ce nouveau franc actait déjà une division par 100 du pouvoir d'achat du vieux franc, ravalé au rang de monnaie de singe par de multiples dévaluations. Entre 1914 et 1960, le pouvoir d'achat du franc avait perdu plus de 99,53 % de sa valeur. Lorsque le franc s'effaça au profit de l'euro le 1er janvier 1999, pour acheter 1 franc suisse, il fallait plus de 4 francs français et non plus un seul franc français comme en 1960. La dérive continuait et le nouveau franc glissait sur la même pente savonneuse que l'ancien…

Dans les pays souffrant du syndrome chronique de monnaie faible, l'immobilier est souvent surévalué car leurs habitants savent très bien que la seule façon d'abriter leur épargne à long terme sera la pierre et non une monnaie fondante ou des investissements industriels de piètre rendement. N'oublions pas que **si le rendement industriel était bon, justement la monnaie serait forte**. En effet, une industrie rentable conduit à des salaires élevés et à une balance commerciale (ce que le pays vend à l'étranger moins ce que le pays achète) positive.

« L'inflation immobilière ruine notre compétitivité industrielle, accuse Bercy », titrait *Le Figaro*[64] qui commentait le dernier *Rapport économique, social et financier 2013* du ministère de l'Économie et des Finances. Ce dernier conclut que l'inflation immobilière – qui pèse sur le pouvoir d'achat des Français – pénalise nos entreprises. Le patrimoine net des ménages augmente depuis 2007 car il est composé à plus de 60 % d'immobilier ou de foncier. Mais les prix ont doublé dans l'ensemble du pays de 2000 à 2010. Il s'agit donc bien d'une hausse indiscriminée, inflationniste. **Il n'y a absolument aucune raison pour que la valeur d'un bien immobilier croisse uniquement parce que le temps passe**. La valeur d'un bien immobilier ne devrait augmenter que parce qu'il a bénéficié d'investissements, soit privés soit publics. Par exemple, vous l'améliorez de façon très substantielle par d'importants travaux d'agrandissement ou de rénovation. Ou bien, par chance, votre bien se situait dans une ville qui vient d'être desservie par une liaison TGV ; dans ce dernier cas, votre plus-value est le fruit d'un investissement public financé par vos impôts.

Parallèlement, la hausse de l'immobilier freine la mobilité et pousse les salaires vers le haut. En réalité, le vrai coupable n'est pas l'immobilier mais la politique de la monnaie faible et de l'inflation sournoise qui détourne l'argent de l'épargne. Celui-ci préfère se diriger vers l'immobilier (qui absorbe plus de 21 % du revenu des Français) plutôt que vers les investissements productifs.

---

64 *Le Figaro*, 10 décembre 2012.

Une bonne façon de mesurer en France ce phénomène de refuge vers la pierre consiste à mesurer le prix du mètre carré parisien en or sur une longue durée. Nous mesurons alors un bien tangible, l'immobilier, avec un autre bien tangible, l'or. Vous pouvez constater que, depuis 1936, le prix du mètre carré parisien exprimé en or n'a fait qu'un peu plus que doubler.

Prix du m² à Paris en onces d'or

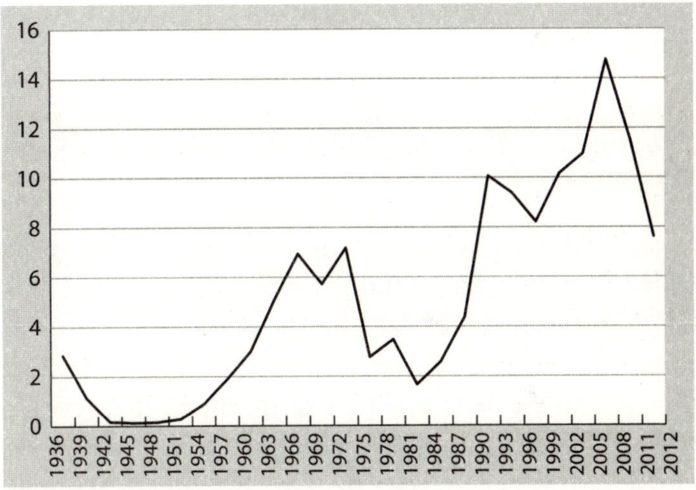

Source : Publications Agora France[65].

Intéressons-nous à la période de l'euro. En 2003, vous pouviez acheter 1 mètre carré à Paris avec 13 onces

65 Pour le calcul du prix du m² en onces d'or, nous sommes partis :
- du prix de l'or (source Banque de France) ;
- de l'indice du prix des logements en France (source Insee). Conformément au tableau des données Insee Long Terme Series, nous avons tout ramené en base 100 en 2010. En 2000, l'once d'or valait en moyenne 280 euros et le prix moyen du m2 à Paris s'élevait à 2 800 euros. Nous obtenons donc une référence 10 en 2000: 1 m2 valait 10 onces d'or.

d'or. En 2011, il ne vous faut plus que 8 onces d'or pour acheter 1 mètre carré à Paris. Il s'agit du même mètre carré (Paris étant circonscrit par son périphérique) et l'or est toujours l'or. Donc le prix du mètre carré en or a baissé. En revanche, l'euro de 2011 n'est plus l'euro de 2003. Votre plein d'essence et l'immobilier coûtent plus cher exprimés en euros. Ainsi, en 2003, il vous fallait 3 870 € pour acheter 1 mètre carré à Paris, et en 2011 il vous fallait plus de 8 000 €. Est-ce vraiment l'immobilier qui a monté ou l'euro qui a baissé ?

Pourquoi l'État nous vante les charmes de la monnaie faible

Beaucoup de voix s'élèvent pour défendre les multiples avantages d'une monnaie faible, mais bien peu de voix se font entendre pour soutenir une monnaie forte. Probablement parce qu'il est plus facile pour un gouvernement de laisser filer sa monnaie et de continuer à dépenser toujours plus. De même, pour les citoyens, il est plus facile de dépenser que d'épargner ou d'investir. Enfin, pour les industriels, il paraît plus facile de vendre dans des pays à monnaie forte ce qu'on a fabriqué dans des pays à monnaie faible.

Certains industriels appartenant à l'Europe économiquement faible défendent donc un euro faible avec lequel il serait plus facile d'exporter. Ce faisant, ils défendent une industrie qui ne s'impose à ses acheteurs que par l'argument du prix. Dans la pratique, cet argument de la monnaie faible ne sert que les pays exportateurs de matières premières ou ceux dont la principale industrie est le tourisme. Inversement, une monnaie faible confine les citoyens dans leur pays car tout devient trop cher pour eux à l'étranger. Les touristes sont les heureux détenteurs de monnaies fortes avec lesquelles les voyages à l'étranger ne sont jamais coûteux.

Historiquement, à pays fort, monnaie forte. Une monnaie forte impose d'avoir d'autres arguments que le prix pour exporter, ce qui tend naturellement à favoriser les investissements dans des activités susceptibles d'avoir un grand avantage compétitif. Pensez au Japon, à la Suisse, à l'Allemagne.

L'Allemagne a pour l'instant échappé à la bulle immobilière européenne car les Allemands sont plus souvent locataires que propriétaires et leur épargne se porte plus naturellement sur les investissements industriels qui sont rentables. Depuis la Seconde Guerre mondiale, la monnaie faible et l'inflation leur font horreur. Pour lâcher leur mark fort, les Allemands ont imposé cette condition statutaire de la Banque centrale européenne : la défense du pouvoir d'achat de l'euro.

Les coups fourrés de la Banque centrale européenne

Ne vous méprenez pas : malgré son obligation statutaire de maintien de la stabilité des prix, certains gouvernements de la zone euro forcent le bras de la Banque centrale européenne pour qu'elle pratique des opérations qui n'ont rien à voir avec cette noble tâche de lutte contre l'inflation. Ainsi, pour contrer ce que les médias appellent la « crise de l'euro », la Banque centrale européenne se voit dévolue la noble mission de sauver la monnaie unique. Pour cela on lui demande d'acheter les dettes souveraines émises par les États insolvables afin de stabiliser les taux auxquels ces États empruntent et on lui demande de recapitaliser des banques commerciales insolvables.

En quoi toute cette cuisine financière internationale nous concerne-t-elle, nous autres épargnants ? Parce que, dans ce processus, la Banque centrale européenne détruit la valeur de l'euro et de votre épargne. Elle vous prive aussi d'un rendement obligataire correct (livret, assurance-vie) puisqu'elle triche pour faire baisser les taux d'intérêt. Elle met de force dans votre épargne des produits toxiques.

Beaucoup de gens pensent qu'une banque centrale est au service de l'intérêt public. C'est faux. Le concept de banque centrale a évolué au cours de l'Histoire et celle-ci est d'ailleurs récente. La Federal Reserve américaine, qui date de 1913, est une entreprise privée à but non lucratif. La Banque centrale européenne est venue coiffer les banques centrales nationales de la zone euro. Officiellement, le rôle de la banque centrale est de garantir l'intégrité de la monnaie. Depuis l'abandon de l'étalon-or, les banques centrales constituent donc en principe le seul garde-fou contre la création monétaire. Mais ce sont des institutions publiques (sauf la Fed, qui est une institution privée au service de banques) qui dépendent des États. Or, même avec l'étalon-or, même avec la monnaie métallique, nous avons vu que la création monétaire était le vice inhérent de l'État. Que ce soit un prince, un roi, un empereur ou une démocratie qui soit en charge de l'État ne change rien à l'affaire. Pour assouvir de grandes ambitions, il faut beaucoup d'argent et lorsque l'argent manque pour financer des projets démesurés ou irréalistes, le plus simple est de le créer. Les démocraties ont des ambitions encore plus folles que les princes, les rois ou les empereurs : elles veulent le bonheur des électeurs. Certains diront même qu'elles achètent leurs électeurs en leur promettant le bonheur et quoi de plus facile que de les amadouer en leur distribuant de l'argent ? Cependant, on ne peut, comme le prétendait Ben Bernanke, actuel président de la Réserve fédérale des États-Unis, larguer cet argent depuis des hélicoptères, le faire tomber au hasard sur les gens. Avant la crise, un tel procédé était jugé trop voyant, le peuple aurait pu s'effaroucher. Il faut des intermédiaires : ce sont les banques commerciales et les SVT, ou spécialistes en valeurs du Trésor en France. De même que Ben Bernanke a jeté le masque en parlant d'argent lâché depuis des hélicoptères, Mario Draghi, président de la Banque centrale européenne, a jeté le masque lorsqu'il a dit qu'il « ferait tout » ou « prendrait les grands moyens » (*whatever it takes*) pour sauver l'euro.

Ces financiers ne sont pas des naïfs, ils savent très bien que leurs expériences monétaires sont dangereuses pour le pouvoir d'achat de la monnaie qu'ils sont censés défendre. Mais ils ne sont pas au service des citoyens. Ils sont au service des politiques et de l'*establishment* financier. Ce qu'ils veulent éviter c'est la faillite d'une grande banque ou le défaut d'un État. Les économies contrôlées par les principales banques centrales du monde pèsent 51 000 Mds$. Depuis le début de la crise, ces banques centrales ont injecté par divers moyens 11 000 Mds$ surgis du néant.

Ces apprentis sorciers s'imaginent pouvoir contrôler l'inflation, que, le moment venu, ils pourront en quelque sorte éponger toutes ces liquidités lorsque la croissance repartira. Ils s'imaginent qu'avec leur création monétaire et les taux maintenus artificiellement bas ils maintiendront un niveau raisonnable d'inflation. De cette façon, ils éroderont petit à petit les dettes bonnes ou mauvaises. Pour vous mettre les points sur les « i », cela veut aussi dire qu'ils vont rogner leurs engagements sociaux, toutes les prestations dont l'évolution est alignée sur la hausse des prix. C'est bien ce qui déjà est en train de se passer par exemple sur les retraites.

Vous avez vu qu'il y avait création monétaire et vous savez que la répression monétaire est à l'œuvre. La situation est donc explosive, car la répression monétaire généralisée interdit en fait toute saine concurrence entre les monnaies fiduciaires. Si les taux d'intérêt réels sont négatifs en dollars, en euros, en yens, en livres, en francs suisses, plus personne ne peut se défendre et aller stocker son épargne dans une autre monnaie. Par ailleurs, il vous est très malaisé de constater la dérive, puisque toutes les monnaies dérivent, et que vous n'avez plus de repère fiable.

Comment la répression financière nous transforme en victimes inconscientes

La répression financière est une expression d'économiste pour signifier qu'un État tord le bras de ses administrés pour que leurs fonds se dirigent prioritairement vers le financement dudit État. Pour ceux qui aiment lire les livres dans le désordre, c'est au chapitre 3. Nul besoin d'avoir fait l'ENA pour comprendre qu'un gouvernement prend ce genre de dispositions lorsqu'il est financièrement en difficulté, autrement dit, surendetté.

De notre point de vue d'épargnant, cela signifie tout simplement que tous les moyens sont bons pour :

- vous forcer à prêter à l'État à un tarif avantageux (en dessous du prix normal) ;
- vous punir si vous ne le faites pas ;
- vous détourner de la monnaie ultime, l'or.

La répression financière est un impôt qui ne dit pas son nom, qui consiste à ponctionner les épargnants (créditeurs) en les contraignant à prêter à leur État (débiteur) avec un intérêt nul ou négatif. Aujourd'hui, dans la plupart des grandes monnaies, les taux courts sont inférieurs à l'inflation. Par exemple, si vous avez 2,5 % d'inflation et que le taux du livret A est de 2 %, votre épargne est punie de 0,5 % par an.

La courbe des taux d'intérêts réels

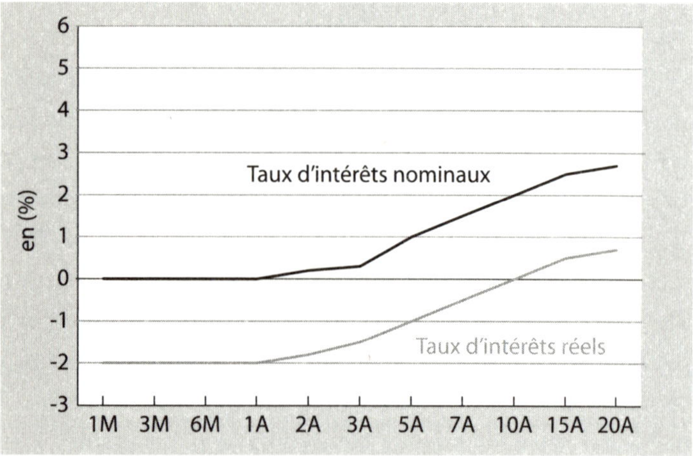

Source : L'Agefi, *25 octobre 2012.*

Que signifie ce graphe ? Les chiffres horizontaux indiquent la durée des obligations (de 1 mois à 20 ans). Les chiffres verticaux vous donnent les taux d'intérêt en pourcentage. La courbe noire vous donne les intérêts nominaux en pourcentage et la courbe grise les intérêts diminués de l'évolution de l'indice des prix à la consommation. Si vous avez des obligations françaises à dix ans, qui délivrent un taux de 2 % par an, vous ne gagnez pas d'argent puisque l'inflation est officiellement à ce niveau. Si vous avez des obligations françaises à trois ans, vous perdez 1,5 % par an. Pas réjouissant, n'est-ce pas ?

Vous me direz qu'il n'y a qu'à se réfugier dans une autre monnaie dont la fonction de réserve de valeur n'est pas détruite. Mais vous avez vu que la répression financière frappait toutes les grandes devises et que l'euro partage son triste sort avec le dollar, le yen, la livre sterling, le franc suisse… Les gouvernements ont pris soin de détruire la concurrence entre les monnaies fiduciaires. C'est exactement pour cette raison que l'or s'apprécie face à toutes les devises depuis le début de cette crise.

Évolution de l'or dans différentes monnaies depuis début 2008

Monnaie	Appréciation de l'or en %
Yen	63
Franc suisse	87
Dollar australien	89
Dollar américain	121
Dollar canadien	125
Euro	154
Peso mexicain	164
Livre britannique	185
Rouble	186
Rand sud-africain	188
Roupie	210

Source : Kitco.com, décembre 2012.

Comme vous pouvez le constater, aucune monnaie n'est forte face à l'or. Elles sont simplement plus ou moins faibles.

Fiche pratique numéro 5

Retrouvez la seule monnaie vraiment démocratique : l'or

Aucune monnaie fiduciaire ne peut constituer un réservoir de valeur fiable à long terme (plus d'un an).

L'euro est une monnaie fiduciaire dont la manipulation est plus délicate qu'une autre, car il faut que les États membres de l'Union s'entendent sur l'ampleur du faux-monnayage.

Votre parade consiste à ne pas vous fier à la monnaie pour stocker de la valeur dans le temps. C'est ce qui est déjà pratiqué dans tous les pays à monnaies faibles dans lesquels les épargnants se réfugient dans l'immobilier.

Mais, pour cette classe d'actif, les conséquences sont lourdes : une dangereuse surévaluation de l'immobilier, un manque de mobilité, un rendement locatif inexistant et une punition fiscale.

Lorsque les États sont surendettés, ils se livrent à la répression financière. Cette opération consiste à vous faire endosser leurs mauvaises dettes. Par la suite, l'inflation rongera cette dette dont vous serez devenu malgré vous le détenteur. Les marchés de l'or et des devises deviennent alors des marchés noirs si la coercition va jusqu'à les interdire.

Les banques centrales ont conservé de l'or dans leurs réserves. Les banques centrales des pays émergents sont passées acheteuses d'or depuis le début de la crise du crédit *subprime*. Officiellement, c'est pour diversifier leurs réserves. La vérité, c'est qu'elles savent que les créances en dollars et en euros deviennent de plus en plus douteuses.

Faites comme les banques centrales des pays émergents, achetez de l'or (reportez-vous au chapitre 3 pour savoir comment faire). Ne craignez pas la confiscation. Si l'État en arrive là, le marché noir deviendra florissant.

Revendez votre or lorsque la monnaie fiduciaire sera redevenue digne de confiance. Le signe sera des taux d'intérêt supérieurs de 3 à 5 % à l'inflation. Cela vous paraît une grosse marge, mais ce n'est que prudence. Souvenez-vous que la mesure de l'inflation est faite par l'État et qu'il est de son intérêt de la minimiser.

Et surtout, ne pas faire ou ne pas croire…

Ne tombez pas dans le piège de la répression financière et de la renationalisation de la dette. Débarrassez-vous des obligations d'État à taux fixe libellées en euros. Faites-le maintenant, les obligations n'ont jamais été aussi surévaluées. Vous vendrez probablement au sommet du marché.

Ne croyez pas les beaux discours qui vous vantent les mérites d'une monnaie faible ou d'un peu d'inflation. Ces deux éléments sont parfaitement contraires à votre intérêt particulier et au véritable intérêt collectif. Monnaie faible et inflation ne profitent qu'aux emprunteurs publics qui ont l'immense privilège de pouvoir rembourser le capital à la fin de leur prêt, contrairement à vous (sauf bien sûr si vous avez négocié un prêt de ce type, dit prêt *in fine*). L'inflation et la dévalorisation monétaire qui ronge votre épargne leur permettent de ronger leurs dettes. L'inflation serait éventuellement acceptable si elle s'accompagnait de réformes drastiques de l'appareil public, mais il ne faut pas rêver…

Ne croyez pas que la répudiation de l'euro puisse arranger nos affaires. Au contraire, elle précipitera notre chute. Plus aucun obstacle n'empêcherait alors l'État de vous spolier par l'inflation.

Ayez le réflexe d'évaluer les biens en vous affranchissant de la monnaie.

La monnaie est suspecte, c'est pourquoi, lorsque vous raisonnez sur le long terme, essayez d'estimer les évolutions de prix en vous affranchissant de la monnaie.

Vous pouvez évaluer l'immobilier en or.

Vous pouvez aussi évaluer les actions en or, ou les actions en immobilier.

Vous pouvez comparer l'or au pétrole. Le résultat est assez variable, mais, en moyenne, une once d'or achète 15 ou 16 barils de pétrole. Si une once d'or achète beaucoup plus de barils (par exemple 25 barils), l'once est très probablement surévaluée. Inversement, si une once d'or achète beaucoup moins de barils, l'or est probablement sous-évalué. Vous remarquerez que, dans cet exemple, je considère que le pétrole est toujours au juste prix et non pas l'or. En effet, le pétrole se brûle et a une utilité, ce qui n'est pas le cas de l'or.

On peut donc considérer qu'exprimé en monnaie le pétrole, qui est acheté pour être consommé, est plus proche de son vrai prix. L'or, lui, n'est pas acheté pour être consommé, sauf évidemment l'or de joaillerie. L'or d'investissement est acquis pour être stocké, thésaurisé, ce qui est signe que quelque chose cloche avec la monnaie.

Prix du pétrole évalué en or

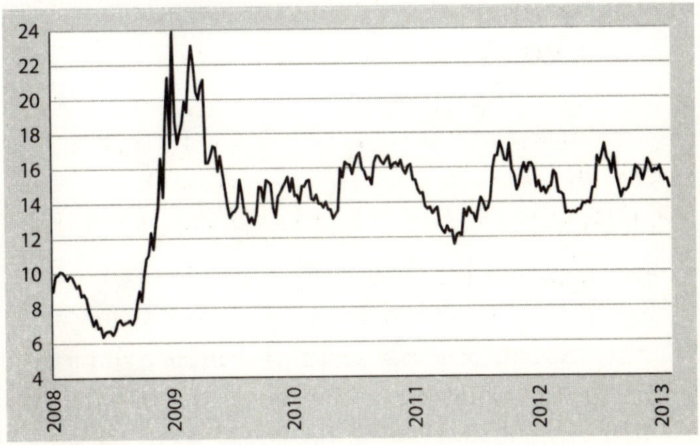

Fixing de Londres pour le cours de l'or et prix du Brent pour le pétrole.

Vous pouvez aussi assez simplement évaluer les actions en produits agricoles. En effet, la plupart des produits agricoles font l'objet de contrats à terme cotés en dollars. Comme le pétrole, le blé, le sucre, le cacao, le maïs, le soja et bien d'autres choses encore s'échangent sur les marchés financiers.

Début 2010, le rapport entre le CAC40 et l'indice Standard & Poor's des matières premières valait 11. Trois ans plus tard, à la fin de 2012, ce même rapport vaut 8. Par rapport à cet indice agricole, le CAC40 a perdu 27 % de sa valeur.

Évolution depuis 2010 du CAC40 évalué en produits agricoles

Vous savez que le CAC40 n'a pas progressé en euros depuis 2010 (et effectivement, la capitalisation des entreprises qui le composent s'est dépréciée en monnaie de 10 % puisque le CAC40 valait 4 045 début 2010 et qu'il vaut 3 652 fin 2012). Mais, si vous comparez la capitalisation de ces mêmes entreprises aux matières premières agricoles, vous constatez que c'est pire encore. Ce n'est plus 10 % en monnaie, c'est 27 % contre le blé, le maïs, le colza... que le CAC40 a perdus.

Vous pouvez enfin évaluer l'or en argent (métal). Le rapport or/argent est en effet très instructif de la psychologie qui règne sur les marchés. Si le rapport or/argent est élevé et qu'une once d'or achète beaucoup d'onces d'argent, cela signifie que les marchés financiers ont peur d'une dépression ou d'une stagnation économique. En revanche, lorsque l'argent monte par rapport à l'or et s'apprécie donc plus vite que l'or, cela signifie que les marchés craignent l'inflation.

Pourquoi un tel comportement ? N'oubliez pas que, même si l'étalon-or a disparu, les banques centrales détiennent toujours un peu d'or dans leurs coffres.

Autrefois, lorsque la monnaie était métallique, de nombreuses monnaies nationales étaient en argent : le dollar, la livre sterling, le thaler allemand, le gulden flamand, le kopek russe. Les systèmes monétaires dits bimétalliques imposaient un rapport strict entre l'or et l'argent, le plus souvent compris entre 12 et 15. Ceci signifiait qu'en moyenne, à poids égal, l'or valait 12 à 15 fois plus cher que l'argent.

De nombreux spéculateurs, notamment anglo-saxons – qui ont en mémoire le temps où la monnaie était d'argent –, pensent que la remonétisation de l'or aspirera vers le haut le cours de l'argent. Aujourd'hui, à poids égal, l'or vaut 55 fois plus cher que l'argent.

Je vois déjà vos yeux de spéculateur briller de convoitise. Attention, il est très improbable qu'un nouvel ordre monétaire donne un rôle important à l'argent. Un étalon suffit, deux c'est la lutte stérile assurée. Tant que les banques centrales n'ont pas d'argent dans leurs coffres, l'argent ne sera pas remonétisé. Cependant, si l'inflation s'emballe, l'argent connaîtra très probablement une flambée de son cours. Bref, **si vous aimez spéculer, amusez-vous avec l'argent. Si vous voulez protéger vos liquidités, restez-en à l'or.**

7

Inflation et hyperinflation : de la menace à la réalité

« Par essence, la création monétaire ex nihilo que pratiquent les banques centrales est semblable, je n'hésite pas à le dire pour que les gens comprennent bien ce qui est en jeu ici, à la fabrication de monnaie par des faux-monnayeurs, si justement réprimée par la loi. Concrètement, elle aboutit aux mêmes résultats. La seule différence est que ceux qui en profitent sont différents. »
Maurice Allais, prix Nobel d'économie 1988.

L'imagerie économique populaire actuelle est simple et tient en deux propositions :

- une petite inflation serait bonne pour l'économie ;
- les banquiers centraux des nations civilisées savent maîtriser l'inflation.

Pour notre secrète ambition de rentier, une petite inflation est cependant très gênante. Supposons que vous ayez décidé de stocker vos avoirs dans une monnaie qui affiche 2 % d'inflation par an, réalisez-vous qu'au bout de trente-cinq ans votre pouvoir d'achat sera divisé par deux ? En d'autres termes, vous devriez travailler deux fois plus pour pouvoir assumer cette petite inflation. Pour mémoire, 2 %, c'est l'objectif officiel de la Banque centrale européenne.

Voici une simple table d'érosion monétaire de votre pouvoir d'achat par une « petite inflation » :

Après cinq années à 2 % d'inflation par an, 1 € ne vaut plus que 0,90 €, mais après cinq années à 5 % d'inflation, 1 € ne vaut plus que 0,77 €. Dans la pratique, les monnaies fiduciaires se sont rarement maintenues à des niveaux aussi modestes que 2 %. Comme le supplice du pal, l'inflation commence de façon supportable mais se termine toujours très mal.

Aucune inflation n'est bonne pour l'économie, aucun banquier central ne sait maîtriser l'inflation. L'inflation n'est pas avantageuse pour l'économie, car elle complique l'évaluation de tous les retours sur investissements et fausse les transactions à long terme. Aucun banquier central ne peut maîtriser l'inflation car, lorsque le public se sent lésé, une spirale d'effets néfastes incontrôlables commence.

Vendredi 7 septembre 2012

Mario Draghi a promis de détruire l'euro et de l'envoyer rejoindre le cimetière des monnaies fiduciaires et des unions monétaires.

Il déclare qu'il rachètera les obligations des pays insolvables (à maturité de trois ans) qui se présentent sur le marché secondaire. Pour cela, il crée de l'argent qui ne correspond à rien : aucune richesse préalable, aucune taxe ou impôt supplémentaire levés. Ce faisant, à terme, il détruit simplement votre pouvoir d'achat puisqu'il dilue votre argent dans la fausse monnaie.

Article 104 du traité de Maastricht : « Il est **interdit** à la BCE et aux banques centrales des États membres, ci-après dénommées "banques centrales nationales" d'accorder des découverts ou tout autre type de crédit aux institutions ou organes de la Communauté, aux administrations centrales, aux autorités régionales ou locales, aux autres autorités publiques, aux autres organismes ou entreprises publiques des États membres ; l'acquisition directe des instruments de leur dette, auprès d'eux, par la BCE ou les banques centrales nationales, est également interdite. »

Réaction à chaud unanime des journaux économiques et financiers dont les titres nous rappellent notre devise la plus chère : **quand tout le monde pense la même chose, personne ne pense.**

- « La BCE frappe fort pour sauver l'euro », *Les Échos*.
- « La BCE se montre à la hauteur des attentes », *L'Agefi*.
- « Les actions bondissent suite à l'annonce du plan pour l'euro », *The Wall Street Journal*.
- « La Banque centrale européenne signale qu'elle est résolue à sauver l'euro », *Financial Times*.
- « Super Mario applaudi par les marchés », *Le Figaro*.

Nulle part cependant on ne vous explique par quel processus créer de la monnaie peut sauver la monnaie. Ceux qui ont un peu de mémoire ou ont un peu lu se souviendront que toute création monétaire conduit à l'inflation (au mieux) et à l'hyperinflation (au pire et presque certainement).

S'il suffisait de créer de la monnaie pour se sortir d'affaire :

- John Law n'aurait jamais connu la faillite ;
- l'Allemagne d'entre les deux guerres n'aurait jamais connu l'hyperinflation et nous aurions peut-être su éviter la Seconde Guerre mondiale ;
- la Hongrie se serait tirée d'affaire ;

- le Zimbabwe serait le pays le plus riche du monde ;
- la crise de 2008 ne devrait être plus qu'un lointain souvenir compte tenu de la création monétaire déjà réalisée. Malgré 20 % du PIB injectés en liquidités surgies du néant dans les économies développées, la croissance reste en panne et le chômage est au plus haut.

Hélas, la presse est muette pour nous expliquer pourquoi cette fois-ci ce serait différent, en quoi la création monétaire serait à la longue bénéfique.

Sauver l'euro ou sauver la face de l'élite politique et financière ?

La vérité est plus prosaïque : ce n'est pas l'euro qu'entend sauver la Banque centrale européenne, mais la face des élites politico-financières. Celles-ci ont promu le projet de monnaie unique sans prendre le temps d'avertir les populations concernées de ce que cela impliquait comme effort.

Que nous arrive-t-il véritablement ? L'économie de la dette s'effondre. Dans cette économie, la croissance ne s'achète pas sur fonds propres, par l'autofinancement ou par l'épargne préalable donc. Elle s'achète à crédit. On oblige les gens à acheter des choses dont ils n'ont pas besoin avec de l'argent qu'ils n'ont pas. Cette économie du crédit ne peut croître que si la masse de crédits croît. Peu importe que le crédit – qui est un pari sur l'avenir – soit viable ou non. Dans ce système, lorsque l'emprunt ne s'avère pas viable, personne ne fait faillite car le contribuable est appelé à la rescousse pour secourir ceux qui ont fait de mauvais paris.

Jusqu'à cette crise, le secteur privé était demandeur de crédits dans les périodes de robuste croissance de l'activité. Lorsque la rentabilité devenait incertaine, pour cause de ralentissement de l'économie, le secteur public prenait le relais. En effet, si vous êtes à la tête d'une entreprise et que les affaires vont bien, que la taille de votre marché augmente, financer un développement par un prêt est certes risqué (un prêt est toujours risqué puisqu'il aliène votre liberté de mouvement) mais raisonnable. Les perspectives de retour sur investissement sont là. En revanche, si votre marché ne grossit pas, financer un développement par l'endettement est beaucoup plus dangereux. Vous risquez de vous retrouver sans retour sur investissement suffisant pour rembourser votre prêt.

Ce n'est pas le crédit qui finance la croissance, mais bien la croissance qui permet le crédit

Hélas, les économistes keynésiens (qui représentent le mode de pensée économique dominant) pensent exactement l'inverse : « moins de crédit, donc moins de croissance », analysent-ils. Partant de ce principe, à chaque fois que l'économie marque le pas, il faut donc bien que l'État vienne à la rescousse pour « sauver la croissance », ma bonne dame. Une bulle des dettes publiques – du crédit souverain – s'est donc gonflée, d'abord insidieusement, puis de plus en plus rapidement dans les pays développés.

Donc, pour que l'économie du crédit fonctionne, il faut des hommes politiques à la tête des pays, régions, provinces, qui endettent leurs concitoyens, des banques centrales qui gèrent la quantité de crédits disponibles, des banques commerciales qui les répandent en plaçant des prêts qui ont de moins en moins de chances d'être un jour remboursés. Souvenez-vous que les brasseurs d'argent se paient sur les volumes de crédit qu'ils manipulent, la qualité de ces crédits est très secondaire puisque c'est vous, contribuable, qui payez la casse.

L'effondrement de ce système – qui confond croissance du crédit et croissance de la richesse – devrait conduire au discrédit de l'élite qui l'a défendu et s'en nourrit depuis plus d'un demi-siècle. Distribuer de l'argent sans lever d'impôt (et donc en recourant à l'emprunt) est le chemin qui rend le plus populaire. L'importance d'un homme politique se mesure à la masse d'argent qu'il distribue. L'importance d'une banque se mesure à la masse de prêts qu'elle place. Dans les deux cas, plus c'est gros, mieux c'est, fait-on croire au public.

Quelle est donc la subtile différence entre ce capitalisme du crédit et le capitalisme tout court, vous demandez-vous peut-être avec méfiance ?

De la place de la voiture de Monsieur Toutlemonde dans le capitalisme du crédit

Monsieur Toutlemonde achète à crédit une voiture neuve pour remplacer sa voiture qui a déjà quatre ans. Il pense qu'il en a les moyens car la grille d'avancement de son employeur prévoit que, d'ici à six mois, il parviendra à avoir une promotion et une augmentation de salaire. Le fait d'avoir cette voiture neuve ne procure à Monsieur Toutlemonde aucun avantage susceptible de lui procurer des revenus futurs. Elle ne lui permet pas, par exemple, de développer une activité parallèle d'auto-entrepreneur ou d'effectuer des heures supplémentaires de nuit en se passant des transports en commun.

Par cet achat, monsieur Toutlemonde fait tourner le système du capitalisme du crédit. L'organisme de crédit automobile va gagner de l'argent, le constructeur automobile va gagner de l'argent, le vendeur touchera une prime. L'argent correspondant au montant du crédit de Monsieur Toutlemonde apparaîtra de multiples fois au bilan de multiples établissements financiers par le jeu des « réserves fractionnaires ». Exactement comme dans les salles de miroirs des attractions de votre enfance, vous ne saurez plus distinguer le vrai argent du faux, le reflet de la réalité.

Le capitalisme du crédit est bâti sur une pyramide de prêts. Un crédit est un pari sur l'avenir : on dépense ce que l'on n'a pas encore gagné et qu'on espère avoir un jour. **On avance donc dans le temps une jouissance immédiate pour laquelle on ne possède pas encore l'argent. Il s'agit bien de dépense, pas d'investissement.**

À l'inverse, le capitalisme classique consiste, pour le producteur de richesse, à reculer une jouissance immédiate (dépense) afin de se doter plus tard de biens productifs (investissement) grâce à l'épargne constituée (capital).

De la place de la machine à coudre de Madame Toutlemonde dans le capitalisme classique

Madame Toutlemonde a une grande ambition : commercialiser les broderies qu'elle imagine. Depuis des années, toutes ses amies s'extasient sur son linge de maison qu'elle réalise pour son plaisir et la supplient de leur vendre ses modèles. Madame Toutlemonde sait qu'un site Internet lui permettra de collecter les commandes facilement et s'est penchée sur le statut d'auto-entrepreneur (qu'il serait plus juste d'appeler statut d'auto-employé). Son gros investissement sera une machine à broder performante. Elle va donc solliciter un prêt à son banquier (son neveu qui travaille dans la finance lui a dit que ça se faisait) ; son conseiller financier lui demande d'élaborer un *business plan* sur PowerPoint selon le modèle fourni par sa banque, ce qu'elle fait ; mais son conseiller financier lui indique ensuite que ce type de crédit n'intéresse pas son établissement qui, par ailleurs, réduit drastiquement le nombre de prêts octroyés.

Cela fait déjà un an que Madame Toutlemonde économise patiemment en vue de l'achat de la machine à broder. Ça y est, la machine est là. Le site Internet avec les dessins vient d'ouvrir. Elle a déjà plus de cent commandes à honorer.

Madame Toutlemonde a reculé des jouissances immédiates pour épargner. Sa dépense autofinancée, sa machine à coudre, va lui procurer de l'argent supplémentaire. Là encore, elle aura le choix : jouissances immédiates ou épargne en vue d'un autre projet…

Le capitalisme du crédit repose sur l'emprunt sans garantie, le capitalisme traditionnel repose sur l'épargne. Madame Toutlemonde ne le sait pas, mais elle appartient à la catégorie des capitalistes traditionnels. Divorcera-t-elle un jour de Monsieur Toutlemonde qui préfère nourrir le capitalisme du crédit ? Déception, je ne vous en dirai pas plus. Cela ne nous regarde pas. Je vous propose plutôt de vous pencher sur le jeu de miroirs du capitalisme du crédit et de la création monétaire.

Comment les « réserves fractionnaires » des banques font surgir l'argent du néant

Une banque prête vos dépôts, votre argent, qui ne

lui appartient pas, mais elle prête bien plus que vos dépôts. Sa seule limite est de déposer des « réserves obligatoires » à la Banque centrale. Si elle prête 100, tout ce que lui demande Mario Draghi, président de la BCE, c'est de déposer entre 1 et 2 dans son honorable établissement. Avant la crise c'était 2, mais depuis la crise c'est devenu 1, justement pour pousser les banques à prêter toujours plus.

Votre banque vit donc des intérêts qu'elle perçoit en prêtant de l'argent qu'elle n'a pas **et qui n'existe pas encore**. En lisant cette phrase vous comprenez que la qualité de l'argent qu'elle va créer (la qualité du prêt qu'elle va décider d'octroyer) n'est pas nécessairement l'essentiel. Ses fonds propres (le peu d'argent que la banque possède réellement) lui permettent en théorie de faire face à un prêt qui tournerait mal ou justement de rembourser les déposants qui le lui demanderaient, au cas où les maigres réserves fractionnaires laissées à la Banque centrale seraient insuffisantes.

Bien entendu, ce système s'écroule si trop de gens vident leurs comptes en banque simultanément, ce qu'on appelle le *bank run*. C'est ce qui a mis la Grèce, le Portugal et l'Espagne dans une situation intenable. Dans cette situation, la banque est incapable de vous rendre votre argent, car il faudrait qu'elle se débarrasse d'urgence d'une partie de ses prêts et qu'elle trouve quelqu'un pour les lui reprendre contre du *cash*.

Cette pyramide ne tient donc toujours que parce que les déposants ont encore confiance dans leur banque et dans leur État pour sauver leur banque. Les États insolvables sauvent les banques insolvables et vice versa. Pour ceux qui aiment butiner les livres, je vous renvoie en arrière, au chapitre 2, et aux mésaventures de Dexia.

Ce système de réserve fractionnaire est par ailleurs indispensable au capitalisme du crédit qui a besoin de toujours plus de prêts pour tourner, exactement comme un système de cavalerie dans lequel un nouvel emprunt sert à rembourser les emprunts antérieurs.

Maintenant, revenons sur le 7 septembre 2012 et voyons ce qui s'est réellement passé pour justifier cette nouvelle action de la BCE après 1 000 Mds€ de prêt à trois ans accordés aux banques commerciales entre décembre 2011 et février 2012. C'est simple : la panique bancaire, le *bank run,* fait des ravages au Portugal, en Espagne et commence en Italie. En juillet 2012, les déposants espagnols commencent à retirer leur argent, massivement. À leur décharge, ceux qui avaient des livrets chez Bankia commencent à payer les pots cassés.

- Juillet 2012 : les retraits bancaires se sont élevés à 75 Mds€, soit 7 % du PIB du pays, selon les données de la Banque centrale européenne. Certes, tentait de rassurer la Banque centrale espagnole, juillet est un mois de paiement d'impôt. Mais il n'en demeure pas moins qu'en gommant cet effet saisonnier, cela fait quand même 65 Mds€.

- Septembre 2012 : selon une note de Nomura, la fuite des capitaux étrangers hors d'Espagne représente 52,3 % du PIB du pays. C'est plus du double du précédent record que détient l'Indonésie lors de la crise asiatique des années 1990 où seulement 23 % des capitaux avaient fui.

Que fait une banque confrontée à une panique bancaire ? Il lui faut absolument trouver du *cash* à remettre aux déposants qui le lui demandent. Que peut vendre Bankia ? Les obligations souveraines espagnoles auxquelles l'État espagnol lui a demandé de souscrire massivement. Où va-t-elle vendre ses obligations ? Sur le marché secondaire (le marché de l'occasion).

Le marché obligataire est sans pitié. Sur le marché primaire – celui du neuf – on parle de taux. Sur le marché secondaire – celui de l'occasion – on parle de rendement. Quand la valeur d'une obligation baisse, son rendement monte. Celui qui rachète l'obligation va la payer moins cher car il veut du rendement. Supposez qu'une obligation vaille 100, serve du 3 % et dure dix ans. Chaque année, son détenteur reçoit 3. Au bout de dix ans, il se voit verser 100. Cette obligation est vendue dans l'urgence alors qu'il lui reste cinq ans à courir. Celui qui l'achète va recevoir, si tout se passe bien et que l'émetteur paye, 3 durant cinq ans, soit 15 et 100 au terme de ces cinq années. L'acheteur va en proposer 50. Il aura ainsi un rendement annuel de 6 % (3/50). C'est le prix de son risque pour avoir racheté cette obligation à la volée.

C'est ainsi que vous lisez dans les journaux que les taux s'envolent en Espagne. Pour les puristes, il s'agit bien du rendement sur le marché de l'occasion, car aucun État ne peut se financer au-delà de 6 %. Il renoncera plutôt à emprunter et reculera son émission.

De l'expansion du crédit au *bank run* et à la fausse monnaie

Comment juguler la panique d'un *bank run* ? En faisant surgir du néant des milliards d'euros pour racheter ces obligations souveraines et ainsi truquer le marché obligataire. C'est donc la solution préconisée par Mario Draghi en tant que président de la Banque centrale européenne. **L'expansion du crédit n'est plus possible ? Pas grave, on remplacera par de la fausse monnaie**, plus de 1 000 Mds€, ou plus encore, ce qu'il faudra.

Ne vous y trompez pas, les procédés de la Banque centrale européenne ne sont pas autre chose. Ils peuvent s'appeler FESF[66], MES[67], SIV[68], LTRO[69], SMP[70], OMT[71], ce n'est que de la planche à billets

66 Fonds européen de stabilité financière.
67 Mécanisme européen de stabilité.
68 Special Investment Vehicle.
69 Long Term Refinancement Operations.
70 Securities Market Program.
71 Outright Monetary Transactions.

qui consiste à faire surgir de l'argent ne correspondant à aucune véritable richesse, sans aucune contrepartie, même sous forme d'impôt. Une créance dont tout le monde sait qu'elle ne sera jamais remboursée n'a jamais été une richesse. À chaque fois, le tour de passe-passe est en gros identique : la banque centrale reprend une créance pourrie et crée de l'argent qu'elle « prête ». La banque centrale espère soit que la créance redevienne saine par magie avec la croissance ressuscitée, soit que le porteur initial fasse fructifier l'argent de son prêt et puisse ensuite reprendre sa créance pourrie et rembourser son prêt.

L'euro n'est pas une monnaie stable dont peuvent jouir des citoyens de plusieurs pays désireux de vivre en paix et de pouvoir échanger librement avec le minimum de contraintes.

L'euro est un instrument au service de l'*establishment* politico-financier. Monsieur Mario Draghi, ex-cadre de la toute-puissante banque Goldman Sachs, est un pur produit de ce milieu.

Certains investisseurs institutionnels sont lucides. C'est le cas de Bill Gross, le gérant du plus gros fonds de pension américain PIMCO[72]. Dans sa note de perspective rédigée en septembre 2012, il notait : « L'âge de l'expansion du crédit, qui a conduit à des rendements de portefeuille à deux chiffres, est révolu. L'âge de l'inflation arrive, qui typiquement fait souffler un

72 1 920 Mds$ au 30 septembre 2012.

vent contraire, et non pas un vent favorable, à l'évolution du prix des actifs, que ce soit les actions ou les obligations. »[73]

De l'autre côté de l'Atlantique, Bill Gross se retrouve en effet victime des mêmes manipulations de la part de sa propre banque centrale, la Fed. Là-bas, les noms sont un peu différents : TARP[74], ZIRP[75], QE[76], TWIST[77], mais le fond de sauce reste le même. Bill Gross, investisseur institutionnel, a des comptes à rendre à ses clients qui sont les retraités américains. Il connaît et anticipe les effets pervers de la création monétaire.

Le vrai mandat de la Banque centrale européenne

Le mandat de la Banque centrale européenne n'est donc pas de défendre une monnaie stable, capable de conserver le pouvoir d'achat des centaines de millions de gens qui l'utilisent. L'euro est un instrument au service des milieux politiques et financiers. Les deux seuls objectifs sont la réélection des premiers, les profits des seconds. Le mandat de la Banque centrale européenne n'est que cela. Oubliez « croissance » (de quoi d'ailleurs, de la dette publique ?) et

73 http://www.pimco.com/EN/Insights/Pages/The-Lending-Lindy.aspx « *The age of credit expansion, which led to double-digit portfolio returns, is over. The age of inflation is upon us, which typically provides a headwind, not a tailwind, to securities price[s] – both stocks and bonds.* »

74 Trouble Asset Relief Program.

75 Zero Interest Rate Policy.

76 Quantitative Easing.

77 Opération consistant à « tordre » la courbe des taux.

« inflation ». Monsieur Mario Draghi a eu le culot de le dire publiquement. Son mandat, c'est la survie de l'euro à n'importe quel prix, puisque l'euro est « irréversible ».

Pour sauver l'euro et les banques commerciales, on émettra donc autant de monnaie qu'il le faudra, nous a aussi dit Monsieur Draghi. Nous sommes donc en route vers la destruction monétaire, l'hyperinflation et le discrédit total d'élites incapables de reconnaître leurs erreurs et d'en maîtriser les effets.

« Les aides d'État accordées au secteur financier dans l'Union européenne se sont élevées au total à 1 600 Mds€ entre le début de la crise en octobre 2008 et fin décembre 2011, selon un document publié vendredi par la Commission européenne. **Cette somme représente 13 % du PIB de l'UE**, selon le tableau de bord des aides d'État portant sur 2011. La grande majorité, soit **67 %, était constituée de garanties publiques sur le financement des banques.** »[78]

En France, dans les grands médias, censés représenter le quatrième pouvoir, pas une voix ne s'est élevée, pas un éditorial ne s'est écrit contre l'émission de fausse monnaie et ses dangers. La croissance par la croissance du crédit n'est jamais remise en cause, même par des écologistes qui se gargarisent pourtant de « développement durable ».

78 *La Libre Belgique*, 21 décembre 2012, http://www.lalibre.be/economie/actualite/article/785839/1600-milliards-d-euros-pour-sauver-les-banques.html

En Allemagne, Markus Kerber[79], avec 5 000 citoyens pétitionnaires, assigne la Banque centrale européenne pour crime monétaire. « Il y a une scission intellectuelle totale au sein de la zone euro », déplorait ce gardien de phare sur BFM Business[80].

Où sont en France les historiens et philosophes, les Socrate, Platon, Oresme de notre époque qui réfléchiraient sur le rôle de la monnaie dans la société humaine, sur sa valeur intrinsèque, sur la garantie de l'État, son rôle et sa place ?

Nous vivons dans un système où la démocratie a été divinisée. Le corollaire est que la majorité a raison et la minorité a tort. Si vous pensez comme la majorité, c'est bien. Pourtant, **l'unanimité c'est souvent la marque de la corruption intellectuelle**.

Ce n'est pas autre chose que dénonce Bethany McLean, ex-cadre de Goldman Sachs dans une émission consacrée à la mégabanque diffusée en septembre 2012 sur Arte. « La corruption débute quand chacun pense de la même façon. »

Petite inflation deviendra-t-elle grande hyperinflation ?

Ce qui est bon pour l'économie, ce sont des prix

79 Professeur de finances publiques et d'économie à l'université de Berlin, le fondateur du *think tank* Europolis a introduit un recours devant la cour de Karlsruhe contre l'aide de l'Allemagne à la Grèce et une autre action devant la Cour de justice européenne contre la politique de la BCE.

80 BFM Business, émission *Les Experts,* 30 novembre 2012.

vrais, non trafiqués, et non pas une création monétaire dont l'unique but est de masquer l'insolvabilité. Quant à la maîtrise des banquiers centraux concernant l'inflation, commençons par nous recueillir sur quelques tombes du cimetière des monnaies fiduciaires dont je vous ai précédemment parlé.

Liste de pays dont la monnaie est morte d'hyperinflation [81] :

Angola (1991-1999)

Allemagne (1923-1924, 1945-1948)

Argentine (1975-1991)

Autriche (1921-1922)

Biélorussie (1994-2002)

Bolivie (1984-1986)

Brésil (1986-1994)

Bosnie-Herzégovine (1993)

Bulgarie (1991-1997)

Chili (1971-1973)

Chine (1939-1950)

Équateur (2000)

81 http://dollardaze.org/blog/?post_id=00107

États-Unis (1812-1814, 1861-1865)

Géorgie (1995)

Grèce (1944-1953)

Hongrie (1922-1927, 1944-1946)

Israël (1979-1985)

Japon (1944-1948)

Mexique (2004)

Nicaragua (1987-1990)

Pérou (1984-1990)

Pologne (1922-1924, 1990-1993)

Roumanie (2000-2005)

Russie (1921-1922, 1992-1994)

Taïwan (fin des années 1940)

Turquie (années 1990)

Ukraine (1993-1995)

Vietnam (1981-1988)

Zaïre (1989-1996)

Zimbabwe (1999-2007)

Le record de longévité d'une monnaie toujours en

circulation revient à la livre sterling (trois siècles), qui a pourtant perdu 99 % de son pouvoir d'achat.

20 % des monnaies fiduciaires sont mortes d'hyperinflation, qui constitue donc une maladie génétique gravissime et souvent mortelle.

Ne croyez cependant pas que tous les banquiers centraux soient des crétins finis. Ils sont tous animés de très bonnes intentions. Prenons l'exemple très connu de l'hyperinflation allemande. Voici l'analyse qu'en faisait en 1926 Edgar Vincent :

« [...] les classes de l'Allemagne qui finalement ont le plus souffert de l'inflation sont justement celles qui s'y montraient au début le plus favorables. Elles s'imaginaient que des emprunts contractés à une certaine date et remboursables six mois plus tard en papier seraient bien faciles à rembourser et poussaient à une émission toujours plus abondante de billets. Un phénomène monétaire qui rendait possibles des affaires aussi agréables ne leur paraissait ni blâmable dans ses causes ni tout à fait malfaisant dans ses effets. Leur calcul restait juste tant que la dépréciation demeura modérée. »[82]

Lorsque vous lisez ceci, ne pensez-vous pas aux vibrants éditoriaux des Krugman, Stiglitz et autres prix Nobel qui appellent à toujours plus d'actions non conventionnelles ?

82 Edgar Vincent d'Abernon, *German Currency: its Collapse and Recovery*, Royal Statistical Society, 1926.

Du fond de sa tombe, Louis Baudin[83] nous prévient : « Bien des chefs d'État paraissent ignorer qu'en recourant à la planche à billets, ils déterminent une hausse des prix. » Nous sommes en 1947, époque à laquelle la France, en proie à l'inflation, est en train de détruire son franc.

« L'inflation, c'est comme la pâte dentifrice. Une fois qu'elle est sortie du tube, il est impossible de l'y faire rentrer. » Cette fois, c'est Karl Otto Pöhl, économiste allemand et ancien président de la Bundesbank (1980-1991) qui prévient. Il sait de quoi il parle car, pendant les années 1970 et 1980, il tenta d'endiguer l'inflation en Europe née des chocs pétroliers. Partisan de la coopération monétaire entre les pays industrialisés, il fut également un des pères fondateurs de l'euro.

À qui profite le crime de la création monétaire ? Aux États insolvables, aux banques insolvables et au système financier puisque ce dernier ne vit que de commissions sur l'argent émis. Quant à l'État, il peut s'adapter puisque ses revenus, ce sont ses rentrées fiscales, mais qu'il a empruntées à taux fixe.

Vous comprenez maintenant encore mieux la phrase d'Irving Fisher concernant l'inflation : « Le créancier perd et le débiteur gagne. »[84]

L'inflation profite à ceux qui sont endettés à taux

83 Louis Baudin, *La Monnaie, ce que tout le monde devrait en savoir,* Institut Coppet, 1947.

84 Irving Fischer, *L'Illusion de la monnaie stable*, 1927.

fixe et dont le pouvoir d'achat n'est pas affecté car ils peuvent augmenter leurs revenus sans efforts. Inversement, l'inflation est nuisible à ceux qui ont fait crédit et se voient remboursés en monnaie dévalorisée. En plus, l'État dispose d'un avantage auquel nous-mêmes pauvres mortels n'accédons que très rarement : il emprunte *in fine*, c'est-à-dire qu'il ne rembourse que les intérêts et pas le capital. Le capital est toujours remboursé à l'échéance du prêt.

Imaginez maintenant les liquidités comme une grosse rivière. Après tout, si on dit liquidités, il y a bien une raison. Tout en haut, en amont, les gouvernements et leurs banques centrales qui ont la main sur les vannes des taux directeurs et de la création monétaire. Aujourd'hui, les vannes des taux directeurs sont ouvertes en grand puisque les taux sont quasiment à zéro partout dans le monde et la création monétaire va bon train.

Juste derrière, toujours assez en amont, les banques et fonds d'investissements, les zinzins (comme investisseurs institutionnels). Ce sont eux qui vont recevoir en premier l'argent de la création monétaire. En effet, lorsqu'un gouvernement rachète sur le marché secondaire ses propres obligations avec de l'argent créé à partir de rien, ce qui était un engagement au bilan d'une banque redevient du cash. C'est donc la banque qui reçoit ces liquidités en premier.

Les banques vivent essentiellement du petit filet de liquidités qu'elles prélèvent de la grande rivière. Peu importe que l'eau soit propre ou sale, peu importe où se situe l'embouchure de la rivière. Tout ce qu'il leur faut, c'est capter un peu de cette eau et plus il y a de débit mieux c'est. Pour le système financier, la quantité pallie la qualité. Pour les fonds de placement, l'histoire est un peu différente, notamment pour les fonds de pension, qui sont censés payer des retraites. L'eau ne doit pas être trop polluée, elle doit être potable.

Intoxiqués par les liquidités frelatées

Mais ces zinzins (dont Bill Gross, déjà cité plus haut) ne sont pas dupes et savent très bien que, lorsqu'on crée de l'argent, l'inflation est un phénomène secondaire inévitable. Donc, quand les liquidités frelatées de la fausse monnaie viennent rejoindre la grosse rivière, ils cherchent à les investir dans des actifs susceptibles de les protéger de l'inflation, au premier rang desquels les matières premières financiarisées, c'est-à-dire celles qui font l'objet de contrats à terme très liquides car traités sur de nombreuses places de marché.

Vous trouvez dans cette case le pétrole, les métaux de base et les métaux précieux, les matières premières agricoles (céréales, sucre, café, riz, soja, bois, coton, cacao, etc.).

Tout en aval, très en bas de la grande rivière de liquidités frelatées, vous retrouvez Madame Toutlemonde et son panier de ménagère. Le panier est d'autant plus difficile à remplir (problème de pouvoir d'achat, disent la presse et la télévision) que les revenus du ménage Toutlemonde stagnent, puisque c'est la crise.

Pourtant, malgré tous les précédents historiques, le déni règne. « Le nouveau programme de rachat d'obligations souveraines de la Banque centrale européenne n'alimentera pas l'inflation, ne présente pas de risque important pour le bilan de l'institution et n'est pas assimilable à une opération d'assouplissement quantitatif », ose assurer Benoît Cœuré, membre du directoire de la BCE, le 20 septembre 2012.

Comment l'inflation entre dans votre caddie de supermarché

Une partie de l'argent imprimé se porte sur le marché des matières premières et conduit donc à leur renchérissement. Ceci pèse sur votre propre pouvoir d'achat – sauf si vous êtes un esprit pur capable de ne pas vous alimenter, ni de vous chauffer, et adepte de la télétransportation. Le remplissage des rayons de votre supermarché se fait par route et est donc sensible au prix du carburant.

Dans les pays européens de l'OCDE, en juin 2012, les prix ont dérapé de 2,9 % en rythme annuel, avec + 7,5 % pour l'énergie et + 3,2 % pour l'alimentaire (source OCDE).

Une précieuse indication de l'inflation des produits de consommation courante nous est donnée par le magazine *LSA* des professionnels de la distribution.

Évolution des prix, en %, par rayon, en hypermarchés, supermarchés et *hard discount* en juillet 2012 par rapport à juillet 2011

Type de produits	Grandes marques nationales	Marques de distributeurs	Premiers prix
Épicerie	+ 0,5	+ 2,8	+ 2,6
Liquides	+ 2,5	**+ 6,7**	**+ 10,7**
Produits d'hygiène	– 2,2	+ 0,8	– 0,7
Produits frais	– 1,5	+ 0,9	+ 0,5
Produits de grande consommation	+ 0,2	**+ 2,9**	**+ 3,5**
Alimentaire dont	– 0,1	+ 2,2	+ 2,6
Viande, volaille, charcuterie, surgelés		**+ 5,9**	**+ 7,9**
Pâte à tartiner		**+ 7,5**	**+ 23,8**

Source : LSA, n° 2239, 30 août 2012. En gras les chiffres qui sont supérieurs à ceux de l'OCDE.

Ces chiffres nous permettent de constater que :

- les produits de grande consommation et la viande sont particulièrement touchés ;
- la hausse des prix est supérieure à la croissance enregistrée dans la zone euro durant la même période ;
- la hausse des prix est supérieure aux taux d'intérêt courts (la rémunération de votre livret A).

Voici maintenant l'évolution du prix des matières

agricoles en euros par tonne entre janvier 2012 et août 2012, résultat de la spéculation sur les mauvaises récoltes de maïs aux États-Unis et de blé en Russie.

	Prix août 2012 en €/tonne	**Évolution en %**
Blé	270	+ 35
Maïs	260	+ 44
Colza et tournesol	520	+ 30
Tourteau de soja	570	+ 104

Source : LSA n° 2240, 6 septembre 2012.

À cette date, *LSA* s'attendait à une augmentation des prix alimentaires de 3 % (baguette) à 20 % (volaille). Il y a donc bien de l'inflation dans l'air. Jusqu'à présent, les grandes marques nationales ne répercutent que partiellement les hausses en prenant sur leurs marges. Mais ce processus va vite trouver ses limites. Le 10 septembre 2012, un gérant de fonds (Sycomore Asset Management) écrivait à propos de Danone : « Le leader mondial de la distribution de produits laitiers est confronté à l'érosion de sa marge opérationnelle, impactée par le coût des matières premières et la difficulté à passer des hausses de prix dans un contexte dégradé. » Danone n'est pas un exemple isolé et représente un cas typique de courroie de transfert vers l'économie réelle. À un moment, les prix suivront pour essayer de conserver les marges.

Au passage, une entreprise dont les marges baissent ne se presse pas pour investir et embaucher…

Nous avons donc une inflation bien réelle – même si elle est sous-estimée par les différents relevés officiels – et une croissance en panne. « L'envolée des prix céréaliers mine la croissance mondiale », titrait *L'Agefi* du 30 août 2012. Tout cela rappelle le scénario de la stagflation des années 1970. Stagflation ? Oui, un horrible mot d'économiste pour dire inflation + stagnation. La stagflation des années 1970 – due aux chocs pétroliers – prit en défaut le keynésianisme, mais on se dépêcha d'oublier ce qui fut considéré comme une éclipse malheureuse. La théorie keynésienne prévoit qu'inflation et chômage ne peuvent coexister puisque le chômage tend à diminuer le prix de la main-d'œuvre par le jeu de l'offre qui augmente et de la demande qui se raréfie.

C'est faire l'impasse sur plusieurs choses. La mondialisation met en concurrence la main-d'œuvre simultanément partout dans le monde pour presque tous les biens et de nombreux services (grâce à Internet). Les filets sociaux d'un pays comme la France ne produisent pas d'ajustement immédiat de prix de la main-d'œuvre. Le nombre des chômeurs augmente, mais le coût de ceux qui conservent leur emploi ne bouge pas. Les coûts de production sont donc aussi élevés et les charges augmentent puisqu'il faut indemniser les chômeurs. Un pays ne peut que subir le coût de ce qu'il importe. L'inflation s'importe, en quelque sorte.

Comparaison entre la stagflation des années 1970 et la situation actuelle

	1970	2010
Élément déclenchant	Chocs pétroliers de 1973 puis 1976.	Krachs boursiers de 2000 puis 2008.
Cause profonde	Endettement des États-Unis, dont les importations de pétrole déséquilibrent la balance commerciale et inondent de dollars les pays producteurs de pétrole.	Endettement des ménages américains et importations de biens manufacturés qui déséquilibrent la balance commerciale et inondent de dollars l'Asie.
Conséquences	**Chômage et forte inflation** (15 % et plus aux États-Unis, plus de 25 % en France en 1983), désordre monétaire.	Chômage et désordre monétaire. L'inflation aux États-Unis, calculée selon les méthodes en vigueur dans les années 1970, se monte actuellement à 9 %. L'inflation officielle est de 2 %.
Fin de crise	Pour juguler l'inflation, Volker, alors président de la Fed, pousse les taux courts à 20 %, soit 5 % au-dessus de l'inflation.	Le niveau d'endettement public interdit toute hausse des taux, car le service de la dette (le paiement des intérêts) ruinerait les États.

Cependant, pour trois raisons au moins, la situation actuelle est plus grave que celle qui prévalait dans les années 1970 ou même que celle qui existait lors du dernier épisode d'hyperinflation en France après la Seconde Guerre mondiale qui a vu la naissance du « nouveau franc » :

- La population des pays touchés est plus âgée et beaucoup plus de gens vivent de retraites, donc de rentes. Ils vont perdre en niveau de vie, ce qui va freiner la consommation.

- Les gains de productivité des économies développées ne sont plus que marginaux. Retrouver des taux de croissance dépassant 5 % devient hors de portée pour longtemps. Dans ces conditions, les investissements deviennent de plus en plus risqués.

- Les pays touchés sont surendettés à titre public et dans certains cas à titre privé.

Les autorités luttent contre le désendettement naturel (qui autrement se manifesterait par des faillites et – ou – la répudiation des créances) par de la création monétaire. Ceci leur permet de trafiquer à la baisse les taux d'emprunt. Mais, rappelez-vous, toute hausse des taux au-delà de 6 % conduit à la faillite des pays surendettés. C'est à ce niveau que l'Irlande, la Grèce, le Portugal, l'Italie et l'Espagne ont appelé au secours.

Il faut donc vous préparer au pire : vous blinder contre l'inflation – même déniée – et la stagflation, mais aussi apprendre à discerner les signes avancés d'hyperinflation.

Comment se comportent les différentes parties de votre patrimoine en période de stagflation

1. L'immobilier devient coûteux à conserver et entretenir

Inutile de vous faire un croquis : vos charges augmentent en raison de la hausse des prix et vos rentrées diminuent, rongées par les impôts. L'immobilier de boutiques très bien placées (centre-ville) et les parkings (pas de travaux et peu de charges) résistent mieux. Mais l'immobilier de bureau se porte mal.

Si vous avez souscrit un prêt, c'est aujourd'hui le moment de le renégocier auprès de votre banquier pour profiter de la baisse. Bien sûr, si vous aviez négocié un taux variable, essayez de le transformer en prêt à taux fixe.

2. Les obligations sont à fuir comme la peste

Les obligations d'entreprise deviendront risquées. Les obligations en euros, dollars, livres, et libellées dans toutes les grandes monnaies qui s'impriment sont évidemment à proscrire. Mais pas encore nécessairement les obligations des pays dits émergents dont les monnaies s'apprécient face à l'euro. Les obligations souveraines indexées sur l'inflation constituent un piège. D'une part, l'inflation est comme nous l'avons vu chroniquement sous-estimée et, d'autre part, ces obligations indexées sont les premières à être répudiées lorsque les taux augmentent, car les plus lourdes à porter pour les États surendettés.

3. Les actions, en règle générale, n'affichent pas de très bonnes performances

Votre conseiller financier vous vantera probablement que « avec une action, vous avez une part d'une entreprise, un actif tangible... ». Pas si simple ! Un cours de Bourse reflète des bénéfices futurs. Or, les entreprises voient leurs marges se tasser : leurs approvisionnements leur coûtent de plus en plus cher mais, la demande n'étant pas vigoureuse, elles ont du mal à répercuter les hausses sur leurs prix de vente. Par rapport aux années 1970, la situation est encore aggravée par la mise en place des systèmes en flux tendus. Se constituer un stock d'approvisionnement (comme c'était le cas il y a quarante ans) permettait de se prémunir contre l'inflation puisque la trésorerie pouvait être concrètement investie dans quelque chose qui se valorisait.

Par ailleurs, avec une croissance anémique, les gains de parts de marché deviennent plus difficiles. Les investissements sont donc différés. Tout ceci se traduit par des cours de Bourse déprimés, comme en témoigne l'évolution des grands indices sur cette période. Entre 1970 et 1980, l'indice américain Standard & Poor's 500 (S&P 500) a oscillé entre 90 et 110. En 2012, les grandes capitalisations européennes (indice Euro Stoxx 50) et les grandes valeurs américaines (indice S&P 500) ont progressé de 15 %. Mais cette progression ne repose que sur la création monétaire. Les cours se sont appréciés plus vite que les bénéfices. **S'en tirent les entreprises qui dégagent une marge robuste, sont exemptes de dettes et, par un monopole d'excellence, restent capables d'imposer leurs prix**.

Après une période de stagflation, viendra probablement l'hyperinflation. Quand tout le monde découvre que la rivière des liquidités est empoisonnée, c'est la perte de confiance et le début du rejet de la monnaie.

Les signes avancés d'hyperinflation

Qu'est-ce que l'hyperinflation ? Wikipédia nous la définit comme une « inflation dont les taux sont imprévisibles, incontrôlables et exponentiels et qui dépassent 50 % par mois, soit un seuil annuel de plus de 12 500 %. […] Les causes de l'hyperinflation sont budgétaires, elles tiennent à une émission excessive de monnaie ».

Prosaïquement, pour boucher les trous, le déficit, l'État (ou plutôt la banque centrale) imprime. Aujourd'hui, les causes de l'hyperinflation sont en place, mais les effets ne se manifestent toujours pas. Les liquidités créées tournent dans la sphère financière : emprunts d'État, banques commerciales, banques centrales. Nous ne sommes confrontés qu'à une inflation larvée qui provient du suintement d'une partie de ces liquidités au travers du marché des matières premières financiarisées, celles qui font l'objet de contrats à terme.

Comment passe-t-on de l'inflation à l'hyperinflation ? Le point de retournement est psychologique. Aujourd'hui, la majorité des gens est encore inconsciente de la gravité de cette crise. « L'investisseur particulier est tellement mal informé de ce qui se passe réellement… », constatait le 24 septembre dernier David Beahm, un courtier en métaux précieux de la Nouvelle-Orléans, qui s'exprimait sur le site www.kitco.com à propos de la crise monétaire et obligataire qui couve. La plupart des gens commencent seulement à s'éveiller au fait que la dette publique est malsaine. Mais ils sont très loin d'avoir réalisé l'ampleur de la crise.

Personne ne remet encore en cause l'économie du crédit ; tout le monde assimile encore la croissance du crédit à la croissance économique, comme si le gonflement d'une dette était synonyme de l'accroissement d'une richesse. Tout le monde pense que les dettes seront payées un jour ou que le niveau de dette se stabilisera… quand tout ira mieux.

Même si ce jour sera sans cesse reculé, les autorités seront cependant prises en flagrant délit de mensonge. Les gens réaliseront alors que toute cette fausse monnaie n'a servi à rien et que donc elle ne vaut rien. C'est alors qu'ils la rejetteront. Techniquement, cela se traduit par une brutale augmentation de la vélocité monétaire. Cette dernière expression exprime en jargon économique la vitesse de la circulation de la monnaie.

Les signes précurseurs d'hyperinflation (et de rejet de la monnaie) sont le discrédit des autorités. Ceci se traduit par la montée des partis extrémistes en réaction aux partis traditionnels, et par des émeutes. Les pays les plus éveillés à cette question et les plus hostiles à l'euro sont la Finlande, l'Autriche, les Pays-Bas, l'Allemagne. Ce sont des populations habituées à une monnaie forte, qui préfèrent manier les espèces plutôt que de payer avec une carte bancaire et qui ne cautionnent pas les dérives monétaires actuelles.

Jusqu'à présent, bien que la dette des pays développés grossisse et que – la croissance patinant – son remboursement devienne de plus en plus douteux, les taux d'intérêt (ou les rendements) des obligations émises par ces mêmes pays ne se sont pas envolés. Pourquoi ? Parce que les pays qui ont des réserves de change les recyclent encore dans ces émissions ou ne s'en débarrassent pas. En effet, pour un banquier central, les réserves de change ne sont pas des liasses de billets étrangers entreposées dans des coffres. Ce sont en réalité des emprunts souverains, les livrets A des banquiers centraux en quelque sorte. Mais, l'Europe s'engluant dans la stagnation, il y aura moins de réserves à recycler et les réserves existantes paraîtront de moins en moins solides.

Il est très difficile de prévoir quand ce système va

s'effondrer sur lui-même, puisque le déclic sera psychologique. Cependant, en se référant à l'Histoire, on peut dire que, lorsque la population prend conscience qu'un gouvernement crée de l'argent pour financer son déficit (c'est-à-dire la croissance de la dette) et non plus simplement rembourser de la vieille dette, les carottes sont cuites. Par exemple, en 2013, les États-Unis affichent un déficit de 8 % de son PIB pour une croissance qui devrait être de 2,5 %. La Fed rachète déjà tous les mois 40 Mds$ de dette fédérale et 45 Mds$ de créances hypothécaires. Quand pourra-t-elle arrêter de faire marcher sa planche à billets ? Il est probable que l'effondrement commencera par le dollar en 2014.

Fiche pratique numéro 6

Comment survivre à la forte inflation ou à l'hyperinflation ?

Vous avez un métier ? Gardez-le ! Les plus vulnérables seront bien évidemment les retraités, rentiers des temps modernes.

En période de forte inflation ou d'hyperinflation, **les biens tangibles qui procurent un robuste rendement sont rois**. Les expériences les plus récentes d'individus confrontés à l'hyperinflation sont celles des Argentins. Ceux qui ont réussi à se tirer de la faillite de leur pays possédaient de l'or, des dollars (qui n'avaient pas cours légal, donc, mais qui servaient dans les transactions quotidiennes) et du foncier.

Dans cette case « biens tangibles », mettez le foncier agricole ou forestier. Par rendement robuste, n'imaginez pas un rendement élevé mais un rendement sûr. Évidemment, les biens fonciers sont aisément taxables puisque difficilement déplaçables. Mais vous n'êtes pas obligé de les détenir en France et certains investissements forestiers à l'étranger se sont récemment développés. Citons notamment les initiatives de Brazil Forest (parts de SAS dans des zones de reboisement au Brésil) et d'Artal Forest (plantations au Costa Rica). L'avantage de l'investissement en foncier forestier est qu'il est productif (les arbres poussent) et que le cours du bois suit assez bien l'inflation. Il est par ailleurs plus ouvert aux capitaux étrangers que le foncier agricole, qui est maintenant considéré comme stratégique. Ainsi, le Canada interdit maintenant la propriété foncière agricole aux capitaux étrangers.

Une autre façon de miser sur les biens tangibles à une échelle plus modeste, celle de votre budget de tous les jours, est de vous constituer des stocks de produits que vous êtes certain de consommer. Nous avons déjà vu dans le chapitre 2 « Prenez le maquis des banques » pourquoi faire des stocks de produits chers que vous êtes certain de consommer. Exemple typique, votre cuve de fuel si vous habitez une maison chauffée par ce moyen. En cas d'inflation à deux chiffres, vous pouvez étendre les stocks aux produits plus courants et obtenir des rabais pour vos achats en quantité.

Ce sera aussi le moment de **négocier petit à petit votre or physique** acheté sous forme fractionnable (pièces, lingotins) contre de la monnaie papier au fur et à mesure de vos besoins. Nous avons également parlé du principe des cartes de débit adossées à l'or (principe en France de la Veracarte). C'est à ce moment que vous en tirerez le maximum de profit. Car, bien évidemment, si inflation à deux chiffres il y a, le cours de l'or exprimé en monnaie fiduciaire va s'envoler.

L'exemple de l'Argentine montre également que des sites publics de troc se sont développés sur les parkings des centres commerciaux.

8

Les impôts dévoyés

« Pour tuer le capitalisme, il faut de l'impôt, de l'impôt et toujours plus d'impôt. »
Karl Marx.

Depuis l'automne 2012, la France est le pays le plus taxé au monde. Auparavant, nous n'accédions qu'au deuxième ou troisième rang des pays classés selon le critère de la pression fiscale. Mais, cette fois, nous avons réussi à nous hisser au sommet et à obtenir la médaille d'or de cette discipline. Nos impôts financent les dépenses publiques, qui pèsent 57 % de l'activité économique, contre 43 % pour le secteur privé. Nous sommes entourés de pays où la proportion est inverse : plutôt 45 % pour le secteur public et 55 % pour le secteur privé, même dans des social-démocraties comme la Suède.

Pourtant, on ne peut pas dire que les pays qui nous entourent suent la misère, ou au contraire que la France se détache de façon spectaculaire de ses voisins sur le plan des services publics. Certes, on trouvera toujours un domaine ou un autre (routes et voieries, justice, médecine, trains, enseignement primaire, secondaire, supérieur) dans lequel un pays est supérieur à l'autre. Mais aucun pays d'Europe n'est un enfer. Pourtant, la France, malgré sa très lourde fiscalité, n'est pas un paradis. Fin 2012, les médias ont accordé une grande place au thème des « people » exilés fiscaux : Depardieu, Arnaud… Ils sont accusés de désertion.

Dans l'Antiquité, l'Empire romain taxait fortement. Cependant, il n'y avait pas d'exode fiscal. Car les bénéfices d'être citoyen romain dépassaient largement les inconvénients de l'impôt et aucun contribuable n'aurait souhaité s'établir dans le monde barbare. Mais nous n'en sommes plus là.

« L'excès des impôts conduit à la subversion de la justice, à la détérioration de la morale, à la destruction de la liberté individuelle », déplorait déjà Benjamin Constant[85], qui pourtant en payait peu, comparé à nous.

Comment en sommes-nous arrivés à conquérir de haute lutte ce statut d'enfer fiscal ? Le secteur public vit en ponctionnant le secteur privé, les recettes de l'État sont l'impôt. Il est donc parfaitement logique que plus l'État grandit plus les impôts grossissent. C'est évident, me direz-vous, mais certaines portes ouvertes méritent d'être enfoncées.

---

85 Benjamin Constant, *Principes de politique*, 1806.

Vous sentez bien intuitivement que, lorsqu'on dépasse le seuil de 50 % de l'activité économique produite par le secteur public, il se passe quelque chose d'important. Le rapport de force change, il y a un minoritaire et un majoritaire. Gardez présent à l'esprit que dans un système démocratique la majorité est réputée avoir raison, ou tout au moins elle impose ses vues.

Aujourd'hui, ce n'est plus le secteur privé créateur de richesse qui a la main, mais le secteur public. Avouez que c'est embêtant, **la majorité de l'économie ne fonctionne pas pour créer la richesse mais pour la répartir**.

Tout organisme ou organisation sociale a finalement un objectif : grandir, devenir plus important dans sa sphère d'activité. C'est humain. N'importe quel employé – qu'il soit du secteur privé ou du secteur public – ne vous dira jamais spontanément que son activité est inutile, il trouvera toujours de très bons arguments pour justifier sa fonction, son travail. Pourtant, réduire la pression fiscale, c'est avant tout réduire le secteur public ; inversement, toute augmentation du secteur public conduit à augmenter la pression fiscale.

N'oubliez pas que le véritable déficit est (comptablement) de 20 %. Pour le diminuer, deux voies sont possibles. La première consiste à dépenser moins, c'est-à-dire réduire les dépenses de l'État. La seconde consiste à taxer plus pour gonfler les recettes. Un ménage confronté à un trou chronique choisira de dépenser moins, car c'est une voie plus facile et rapide que de gagner plus. Mais l'État, fort des 120 000 fonctionnaires du Trésor, a les moyens de faire rentrer l'impôt et donc de gagner plus.

Presque tous les pays qui se sont réformés pour reprendre la main sur leur endettement ont décidé d'adopter le régime minceur deux tiers-un tiers : deux tiers de diminution des dépenses et un tiers d'augmentation des impôts. Mais dans un des pays les plus fiscalisés au monde, c'est la voie un tiers-deux tiers qui a été choisie à l'automne 2012. Un tiers d'économies supposées (en réalité des dépenses repoussées à plus tard) et deux tiers d'impôts supplémentaires tout de suite.

Quand certains pigeons ne roucoulent plus et ne se pavanent plus

En 2012, Maurice Lévy, le publiciste fondateur et P.-D.G de Publicis, appelait de ses vœux une augmentation des impôts. Il fut rejoint par le non moins médiatique Pierre Bergé, compagnon d'Yves Saint-Laurent. En ce début 2012, unir ses voix au club des milliardaires américains qui clamaient en chœur « taxez-nous plus » permettait de s'attirer l'attention des médias. Quoi de plus snob que de rejoindre de généreux et véritables philanthropes tels que Warren Buffett, Bill Gates… ?

Sur les plateaux de télévision et de radio, dans les colonnes des journaux, écoutez les entrepreneurs français se présenter aux journalistes. Aucun de ces méritants personnages n'avoue qu'à l'origine de toute entreprise se trouve un désir d'accéder à la pleine autonomie financière et donc de gagner de l'argent. À écouter ou lire ces entrepreneurs, chaque entreprise est une sorte d'ONG, d'organisme caritatif, dont la principale vocation est de créer des emplois. Variante de la pensée politiquement correcte, les produits ou services de l'entreprise ne visent pas simplement à satisfaire des clients. Ils ont été créés pour améliorer le monde, pas moins. Complaisants, les entrepreneurs eux-mêmes évitent devant les journalistes de s'aventurer sur le terrain sale de l'argent et de préciser qu'une entreprise embauche si et seulement si elle gagne de l'argent, que les emplois ne sont que la conséquence et non l'objet de l'entreprise, bref qu'une entreprise a un but lucratif et non pas philanthropique.

En espérant faire accepter la richesse et se faire bien voir, les entrepreneurs « vus à la télé » entretiennent donc un quiproquo. Selon un sondage effectué pour le compte d'une société de crédit, 78 % des Français pensent qu'être riche est mal, voire très mal perçu en France ; 70 % considèrent que les riches doivent participer à la création et au maintien de l'emploi[86]. Aux yeux des Français, un riche ne serait donc pardonnable que si sa fortune provenait d'un gain au Loto, d'une fondation désintéressée (ce qui en soit est absurde) ou d'un talent de sportif ou d'amuseur public. Toute autre provenance est suspecte d'exploitation de salariés sous-payés.

86 Sondage réalisé par Prêt d'Union en octobre 2012.

En septembre 2012, débute cependant une fronde. Des entrepreneurs contestent une nouvelle mesure fiscale qui consiste à aligner l'imposition sur les plus-values réalisées avec la vente de leur outil de travail sur l'imposition sur les revenus.

Ces entrepreneurs, qui se qualifient eux-mêmes de « pigeons », se révoltent contre ce nouvel impôt. Pourquoi celui-là ? Pourquoi pas un autre ? Pourquoi pas les droits de transmission, de succession, l'ISF, la tranche marginale d'imposition à 75 %, la CSG, la CRDS, pourquoi pas même les charges sociales ? « Un impôt juste, c'est un impôt que les autres payent ; mais moi, qui suis producteur de richesse, je devrais avoir le privilège de pouvoir y échapper », réclament en substance les pigeons. Or, la plus-value réalisée sur la vente d'une entreprise est justement la matérialisation de la richesse créée. Comme d'habitude, en France, ce n'est pas l'absurdité de l'impôt en soi qui est contestée, c'est un privilège qui est réclamé.

On voit transparaître dans ce fait de société comment l'impôt est devenu dévoyé aussi bien dans l'esprit du législateur que dans celui des contribuables. L'impôt n'est plus vu comme une contribution à des dépenses publiques légitimement approuvées mais comme un instrument de « justice sociale ». Les pigeons estiment que l'impôt sur la plus-value des entreprises n'est pas « juste » car, appartenant à la caste sociale des créateurs et pourvoyeurs d'emplois, ils devraient avoir le privilège d'être épargnés.

Bien entendu, j'admire les créateurs d'entreprise, tout comme les dirigeants d'entreprises familiales qui réussissent à faire prospérer ce qui leur a été transmis. La question n'est pas là. Le problème, c'est que la justice sociale n'existe pas, il s'agit donc d'une bataille perdue d'avance. Le simple fait qu'il faille affubler d'un adjectif le mot justice, que cet adjectif soit « social » ou « fiscal », doit inspirer la méfiance.

La douteuse moralité de l'impôt

Depuis de nombreuses années, au lieu de considérer l'impôt pour ce qu'il est – c'est-à-dire une contribution au financement des fonctions régaliennes de l'État dont on pourrait calmement étudier les clés de répartition –, on le fait passer soit pour un instrument d'orientation d'une politique économique, soit pour un instrument de justice sociale au service d'une mythique égalité. Dans les deux cas, cela permet d'égarer et de fausser les débats.

Dans le premier cas, où l'impôt est vu comme un instrument d'orientation économique, des technocrates pensent qu'il est bon de vous pousser vers telle dépense plutôt que telle autre. Le pouvoir législatif concocte alors ce qu'on a appelé une niche fiscale, une incitation par la baisse d'impôt touchant un minuscule périmètre, jugé bon. Les niches étranges se sont ainsi multipliées. Une première variante diminue votre impôt si vous vous lancez dans telle activité économique. Il existe aussi une variante qui vous exonère :

tel minuscule secteur économique arrive à échapper purement et simplement à un impôt qui touche une grande population. Dans ce cas, il s'agit souvent d'un impôt absurde ayant déclenché un tollé. La sous-catégorie la plus manifestement lésée finit, grâce à son lobbying, par obtenir son exonération, son exemption. Certains territoires conquièrent ainsi de haute lutte des privilèges, la Corse, les DOM-TOM...

Ne croyez pas que tout ceci soit nouveau. Ainsi, la gabelle, cet impôt sur le sel instauré en 1324, connut un succès considérable. C'était au début un droit de douane sur les exportations de sel. Le sel était une denrée dont l'utilité était comparable à celle du pétrole de nos jours. Le sel était un bien de première nécessité, car un conservateur universel en l'absence de réfrigérateur. Cet impôt se généralisa et devint l'équivalent de notre taxe sur le carburant. L'État ayant organisé son monopole de commerce, de stockage et de distribution, chaque sujet se devait d'acheter une quantité minimale de sel pour son usage domestique et un régime spécial s'appliqua à chaque région et aux professionnels. Les pêcheurs de sardines de Dieppe négocièrent leur niche : en échange de l'exemption de taxe sur le sel de pêche, ils s'engageaient à consommer une quantité minimale de sel domestique. La complexité de la gabelle se développa avec des appellations étranges : pays de grande gabelle, pays de petite gabelle, pays francs, pays de salines, pays de quart-bouillon, pays rédimés... On ne devient pas enfer fiscal par hasard, il faut une longue expérience.

Mais quittons niches et exonérations, finalement anecdotiques. L'histoire de la gabelle est révélatrice de la tendance de l'État à asseoir un monopole, créer un impôt complexe puis monnayer des avantages vis-à-vis de certaines catégories.

Qu'ont à faire la morale ou la justice là-dedans ? Rien.

Rendre l'impôt complexe, abscons, l'émietter, en dispenser certains pour mieux en assommer d'autres permet de dresser les citoyens les uns contre les autres, d'utiliser le levier de la jalousie et de l'envie.

Pourquoi un impôt proportionnel serait-il plus juste ? Pourquoi taxer le capital, le travail, les revenus, les plus-values, la mort (droits de succession), le transfert (droits de mutation) ?

La corruption de la démocratie

Je vous propose de raisonner autrement, sans entrer dans les arguties de justice sociale. La propriété fait partie des droits de l'homme.

L'article 17 de la Déclaration universelle des droits de l'homme stipule que :

1. Toute personne, aussi bien seule qu'en collectivité, a droit à la propriété.

2. Nul ne peut être arbitrairement privé de sa propriété.

L'article XVII de la Déclaration des droits de l'homme et du citoyen était initialement rédigé de cette façon :

« Les propriétés étant un droit inviolable et sacré, nul ne peut en être privé, si ce n'est lorsque la nécessité publique, légalement constatée, l'exige évidemment, et sous la condition d'une juste et préalable indemnité. »

Les impôts servent à financer les fonctions régaliennes de l'État : défense et diplomatie, police et justice. Ces fonctions régaliennes confèrent donc à l'État le **monopole de la violence légitime**[87] pour notamment recouvrer les taxes qui lui servent à fonctionner. Tout comme l'État ne peut faire faillite, il ne peut racketter puisqu'il a le droit pour lui. Au lieu de faire faillite, il fait défaut, il manipule la monnaie. Au lieu de racketter, il utilise son monopole de violence légitime lorsqu'il souhaite appliquer une taxation inique et spoliatrice. Ces nuances sont de taille…

Le premier impôt qui s'impose à l'esprit est constant. Chacun paye 100, fin de l'histoire. Dans une copropriété où tout le monde aurait la même surface, les charges ne sont pas réparties en fonction des revenus ou des possessions des copropriétaires. Toutefois, si nous revenons à la gabelle, nous nous apercevons que l'impôt a tendance à être naturellement proportionnel. Il est facile de taxer la consommation – le sel – et plus on consomme plus on paie. Dans ce système

87 Max Weber, *Le Savant et le Politique*, 1919.

proportionnel, chacun paye par exemple 10 % d'une assiette : sel, ou consommation, ou revenu. Un tel système conduit assez naturellement au principe que plus on consomme, plus on paie. Le riche consomme plus que celui qui l'est moins, donc le riche paie plus d'impôts. Après tout, celui qui possède plus a besoin de plus de moyens pour défendre ses possessions et donc il est logique que sa part de dépenses pour le poste « police et justice » soit plus importante.

Mais petit à petit s'est imposé l'impôt plus que proportionnel, l'impôt progressif. Selon ce système, plus on est riche, plus on paie plus. C'est 10 % jusqu'à tel seuil, puis 20 % au-delà, puis 45 %… 75 %. Très étrangement, ce système n'est pas contesté et pourtant il est profondément inique et source de corruption. En effet, en démocratie, plus une population est marginale en nombre plus il est facile de la spolier, de dépouiller de leur propriété légitime les membres d'un petit groupe plutôt que ceux d'un groupe plus nombreux.

Le Conseil constitutionnel ne fixe pas de limite à l'impôt[88]

Le 14 décembre 2010, Mme Laurence N. a posé une QPC (question prioritaire de constitutionnalité) au Conseil constitutionnel, comme le prévoit l'article 61-1 de la Constitution. La requérante s'acquittait d'impôts qui excédaient 85 % de ses revenus car,

88 Conseil constitutionnel, Décision n° 2010-99 QPC du 11 février 2011.

pour une partie de ceux-ci, elle ne pouvait faire valoir le « bouclier fiscal ». Sa question était très simple : n'était-ce pas contraire au principe d'égalité devant les charges publiques ainsi qu'au droit de propriété ? Où commence un niveau confiscatoire ? Pas au-delà de 85 %, a estimé le Conseil constitutionnel. Probablement même pas à 99,99 %, puisque l'article XIII de la Déclaration des droits de l'homme et du citoyen de 1789 stipule : « Pour l'entretien de la force publique, et pour les dépenses d'administration, une contribution commune est indispensable : elle doit être également répartie entre tous les citoyens en raison de leurs facultés. »

Plus récemment, le Conseil constitutionnel s'est prononcé sur la tranche marginale d'imposition à 75 %. Il l'a déclarée illégitime, mais pas en raison du chiffre de 75 %. Simplement parce que le taux s'appliquait à un revenu et non à un foyer fiscal, ce qui était contraire au principe de l'égalité. Ainsi, un couple dont chacun gagne 500 000 € échapperait à cette tranche marginale.

Le cas de Madame Laurence N. n'a pas bouleversé les médias ; depuis Robin des Bois, il semble que voler le riche pour donner au pauvre soit devenu moral. La justification imparable de l'État pour justifier de dépouiller une catégorie est qu'il va donner aux plus pauvres, aux plus démunis, aux plus nécessiteux. Enfin, en réalité, ceux qu'il aura choisis.

Si c'était exact, on se demande pourquoi la pauvreté n'a pas été éradiquée dans un pays qui a connu soixante-dix ans de paix, trente années de croissance comme jamais il n'y en eut dans l'Histoire et une progression fulgurante de la fiscalité des personnes et des entreprises.

La réalité est légèrement différente. Petit à petit, l'État a largement dépassé ses fonctions régaliennes et s'est occupé de chemin de fer, de transport public, d'enseignement (qui est même devenu « éducation », évolution significative), de maladie, de retraite, de chômage, de télévision, de temps libre, etc. Par ailleurs, le suffrage qui était autrefois censitaire (réservé à ceux qui payaient des impôts) est devenu universel. C'est d'ailleurs parfaitement justifié puisque tout le monde paie toutes sortes d'impôts indirects, et notamment la TVA.

Dans ces nouvelles prestations de l'État, certaines fonctions relèvent de l'assurance : maladie et chômage et même retraite (si on la considère comme une assurance-vie). Le principe de l'assurance est que les primes dépendent des frais du risque à couvrir et du nombre de cas.

La solidarité nationale s'impose évidemment pour ceux qui sont victimes d'accidents graves de la vie. Ernest Renan, héritier des philosophes des Lumières, définit la nation comme une volonté de vivre ensemble : « Ce qui constitue une nation, ce n'est pas de parler la même langue, ou d'appartenir à un groupe ethnographique commun, c'est d'avoir fait ensemble de grandes choses dans le passé et de vouloir en faire encore dans l'avenir. »[89] Cette volonté implique évidemment une certaine solidarité.

Mais nous nous retrouvons devant un État assureur et des cotisants dont l'effort de mise au pot commun augmente de façon exponentielle ; l'augmentation de cet effort est assise non pas sur le risque mais sur la richesse. Puisque tout le monde vote, **le conflit d'intérêt surgit inévitablement. La majorité, qui paie moins, voudra toujours plus d'assurance. La minorité, qui paie plus, sera contrainte à endosser toujours plus de risques**.

Voilà pourquoi l'impôt progressif est source de corruption du jeu démocratique, et s'assimile au vol. « L'impôt est un vol dès qu'il outrepasse ses fonctions légitimes [...]. Les impôts progressifs (impôts sur le revenu, ISF...) violent à l'évidence le principe de l'égalité devant la loi. Ils reviennent à exiger de certains contribuables, en échange des mêmes prestations, des sommes arbitrairement supérieures. Ce prélèvement d'argent sans contrepartie est précisément ce qu'en français on appelle un vol » [90].

L'impôt sur le revenu, l'impôt sur les plus-values, l'impôt sur la fortune, l'impôt sur les successions et les transmissions ne sont cependant que les superstructures de l'immense navire appelé fiscalité française. Se concentrer sur ces impôts directs permet de nourrir de

89 Ernest Renan, *Qu'est-ce qu'une nation ?*, conférence prononcée le 11 mars 1882 à la Sorbonne.
90 Philippe Nemo, « L'immobilité de l'impôt confiscatoire », tribune parue dans *Le Figaro* le 20 juin 2012.

nombreux débats enflammés, de dresser les citoyens les uns contre les autres, de diviser pour mieux taxer. Il faut taxer le capital, le travail, tout, et surtout les riches… Concernant ce dernier point, il est intéressant de noter que si le pauvre a plus ou moins une définition, un statut, le riche n'en a pas et le seuil de richesse est assez flou. En général, c'est celui qui a légèrement plus que vous. Pour Monsieur Hollande, c'est 4 000 € par mois[91], pour les Français, c'est 6 500€ par mois[92]. Mais revenons à l'un des débats les plus pervers de ce sujet déjà faussé qui est la distinction entre capital et travail.

La stérile et futile distinction entre capital et travail

Quelle est la différence entre capital et travail ? Le capital est le fruit de l'épargne. Pour constituer un capital, il faut épargner sur son revenu, renoncer à une consommation, une jouissance immédiate. C'est un effort. Un couple qui mettrait de côté 500 € par mois (15 % de deux salaires médians) et verrait cette épargne rémunérée à 6 % par an sans aucune inflation serait à la tête d'un capital de 500 000 € au bout de trente ans. C'est la magie des intérêts composés qu'Einstein qualifiait de force la plus puissante de l'univers.

Le riche est tout simplement celui qui arrive à dépenser moins que ce qu'il gagne. Pour tout individu, un capital est le fruit de son travail ou d'un bien légi-

91 Déclaration du premier secrétaire du parti socialiste du 10 janvier 2007, lors de la campagne présidentielle.

92 *Les Échos*, 7 février 2013.

timement acquis, sa propriété. S'il veut transmettre ce capital à ses enfants, quelle est la moralité de la taxe de la transmission ou des droits de succession ? Pourquoi dénier à l'héritier du détenteur de capital la liberté de faire ce qui lui plaît ? Ce que l'État capte par des droits de transmission ne sera pas générateur de richesse, puisque, rappelons-le encore et encore, l'État ne gagne pas d'argent. En revanche, l'héritier peut peut-être gagner de l'argent. Laissons-lui au moins cette chance. S'il se ruine, laissons lui aussi cette liberté, l'argent reviendra dans le secteur privé, puisque, rappelons-le encore et encore, le secteur privé est le seul capable d'augmenter la richesse collective. Si l'héritier décide de vivre de ses rentes, laissons-lui encore cette liberté, l'argent reviendra également dans le secteur privé. Notre héritier sera peut-être un rentier génial comme Proust. Le seul cas où la collectivité y perd correspond au cas où l'État décide de confisquer à son profit le capital.

Mais rien n'y fait, l'émotion est la plus forte. Taxé à 100 %, le riche n'aura pas encore assez payé. Car, après tout, s'il est riche, n'est-ce pas parce que, précisément, il aurait nui à des pauvres ?

Pourtant, soyons logiques :

- ou l'argent a été gagné par des moyens illégaux et le riche doit être fichu en prison ;
- ou l'argent a été légalement gagné et on fiche la paix au riche afin qu'il puisse en gagner plus. L'impôt prélevé grandira.

Cependant, la jalousie, l'envie, l'aigreur se parent d'intentions nobles. « Solidarité », « justice sociale », « partage » permettent de jolis débats aux JT de 20 heures. Monsieur et Madame Toutlemonde, qui dînent de leur blanquette onctueuse et réchauffée, pleurent sur la mère célibataire qui fait la queue au resto du cœur et pensent très sincèrement que Madame Bettencourt pourrait lui donner l'argent qu'elle consacre à son caviar. Même Jacques Attali[93] reconnaît qu'en France « il y a ceux qui considèrent qu'être riche c'est un scandale, et ceux qui considèrent qu'être pauvre c'est un scandale. L'important c'est de lutter contre la pauvreté, pas contre la création de richesse ».

Mais à force de vouloir éradiquer la pauvreté, on éradique la richesse

Ces discussions stériles sur la taxation permettent aussi de parvenir au pouvoir en promettant de distribuer aux uns l'argent pris à d'autres. Évidemment, si vous prenez à beaucoup d'électeurs pour redistribuer à d'autres moins nombreux, vous avez peu de chance d'être élu. Toute l'astuce consiste donc à faire croire qu'on va prendre beaucoup à très peu de monde et qu'une masse très importante en profitera.

« Toute élection est une sorte de vente aux enchères, par anticipation, d'objets volés », estimait Henry Louis Mencken[94].

93 Jacques Attali sur LCI, le 10 octobre 2012.
94 Journaliste américain (1880-1956), chroniqueur du *Baltimore Sun*.

Tout ceci est très médiatique, permet de distraire l'attention et d'éviter que les projecteurs se braquent sur les impôts les plus lourds. Cette sournoiserie est-elle voulue et planifiée ? Oui, c'est une manœuvre délibérée de diversion. Ce que l'on appelle les assiettes larges (les impôts que tout le monde paie) ne sont pas populaires auprès des électeurs, mais elles sont très efficaces : la TVA, la CSG, mais aussi les charges patronales ou salariales – étrange distinction qui permet d'embrouiller un peu plus.

La France : un enfer fiscal où tous ceux qui ne sont pas assistés paient plus de 50 % d'impôts

Nous payons tous au moins 50 % d'impôts. C'est inscrit sur toutes les fiches de paye, même si cette information est masquée. En effet, là où au Royaume-Uni un bulletin de paye fait trois lignes, en Allemagne il fait cinq lignes et, en France, grâce à la créativité du Code du travail, il comporte presque 40 lignes peuplées de sigles incompréhensibles pour ce qu'il est convenu d'appeler les cadres et 24 lignes pour les employés.

Mais en fait, une seule ligne vous intéresse, celle du bas, intitulée « net à payer ». C'est le montant que vous pourrez dépenser, en admettant que vous ne payiez aucun impôt direct ou indirect. Par la suite, nous appellerons ce « net à payer » le « salaire empoché ». Les autres chiffres ne sont que de l'argent fantôme puisque vous n'en disposerez jamais. Un deuxième chiffre doit cependant vous intéresser : ce que votre poste coûte à votre entreprise. C'est sur la base de ce chiffre qu'un employeur décide ou non d'embaucher. Il s'obtient en additionnant votre salaire brut et les charges de l'employeur. On peut dire que c'est le « prix de votre travail ».

Tout l'argent que vous n'avez pas reçu, peu importe que ce soit vous ou votre employeur qui le paye. Vous ne l'avez pas reçu, point. Vu du côté de votre employeur, peu importent les charges que vous payez, vous, ce qui lui importe c'est ce que vous lui coûtez.

Si votre « salaire empoché » est de 4 000 € par mois[95], vous pourrez constater sur votre fiche de paye que l'État aura capté à son profit plus de 4 600 €. Si l'État ne prélevait rien, votre employeur pourrait vous verser un « salaire empoché » de 8 600 € sans augmenter le prix du travail de son entreprise.

Intéressons-nous au cas de quelqu'un gagnant le SMIC dont le « salaire empoché » après quelques heures supplémentaires est de 1 300 €. L'État a capté 1 100 €. Dans cet exemple, l'employeur pourrait verser un « salaire empoché » de 2 400 €.

Dans ces deux cas, l'ensemble des charges dépassent 110 % du « salaire empoché ». **Autrement dit, vous payez 54 % d'impôts.** Certes, ce sont des charges d'assurance : maladie, vieillesse, chômage. Mais ce sont aussi des impôts puisque tous ces services sont publics et que l'État en a le monopole. En fait, vous en

95 Le seuil de richesse officiellement retenu par le président François Hollande.

payez bien plus, puisque vous allez vous acquitter de la CSG et de la CRDS.

Ce n'est pas tout. Vous allez dépenser votre « salaire empoché » et donc vous acquitter de la TVA dont le taux varie de 2,10 % à 19,60 %, ce dernier taux étant dit « normal ». En pratique, tout le monde est donc taxé à plus de 60 %. Comme disait Michel Audiard, à ce rythme, « il ne nous restera bientôt plus que l'impôt sur les os ».

Les impôts directs, dont on parle beaucoup, ne représentent finalement pas grand-chose face à cette taxation indirecte que tout le monde subit. Ceci permet de noyer le poisson, de faire diversion et d'éviter de parler d'un sujet qui fâche : pour financer sa surenchère d'assurances, l'État recourt à une pression fiscale énorme sur tous ses citoyens et à la dette. Les charges sociales, qu'elles soient payées par l'employé ou par l'entreprise, sont destinées en effet pour plus des trois quarts à la protection sociale et les dépenses de redistribution représentent le tiers du PIB de la France[96].

Les entreprises aussi sont surtaxées

De la même façon, le partage des impôts entre entreprises et particuliers permet de masquer la véritable situation. Cet autre débat donne lieu à différentes em-

96 77,3 % des ressources de la Sécurité sociale proviennent des prélèvements assis sur le travail, et la protection sociale représente 32 % du PIB français selon le Haut Conseil du financement de la protection sociale.

poignades sur la taxation du capital ou du travail, le partage des richesses.

Dans l'imagerie populaire :

- les salariés = le travail = les gentils ;
- les actionnaires = le capital = les méchants.

Les méchants veulent supprimer, éliminer les gentils. Les méchants sont forts et riches. Les gentils sont faibles et pauvres, car les méchants leur prennent trop d'argent. Le complot des riches est simple : ils flouent les pauvres sur la valeur de leur travail et ne leur donnent pas assez d'argent. Avec cet argent, fruit de la sueur des travailleurs qu'ils ont indûment conservé, les capitalistes investissent dans des robots, ce qui leur permet de licencier et de produire beaucoup moins cher et donc d'avoir beaucoup de bénéfices. Ou bien ils vont chercher ailleurs dans le monde de la main-d'œuvre encore moins chère à exploiter.

Voici un très bel exemple de cette image d'Épinal, tiré de *Mediapart* :

« Entre le capital et le travail, le partage s'est gravement déformé au cours des trente dernières années. Si l'on prend pour indicateur de référence la valeur ajoutée des entreprises, c'est-à-dire les richesses créées par elles, on s'aperçoit ainsi que la part allouée aux salaires a gravement diminué et celle allouée aux profits a augmenté d'autant. Concrètement, la part des salaires bruts représentait près de 70 % de la valeur ajoutée en 1981, avant de tomber à 63,3 % en 1990, et de rester à peu près stable ensuite, soit 62,6 % en 1995 puis 63,7 % en 2000 – un niveau qui est toujours celui qui est actuellement constaté. »[97]

En réalité, cet article ne fait que raconter l'automatisation de la production sous l'effet de l'électronique (années 1960 à 1980) puis de l'informatique (années 1980 à 2000). Une chaîne de production automatisée demande des investissements lourds. L'objectif est effectivement de produire plus à moindre coût. Il est donc normal que la part des salaires rapportée au chiffre d'affaires diminue. Il est aussi normal que les actionnaires soient récompensés de leur prise de risques en recevant des dividendes. L'actionnaire n'est pas nécessairement un ultra-riche qui fume un gros cigare dont la cendre vient mollement s'écraser sur la moquette duveteuse de sa grosse berline. C'est plutôt le titulaire d'un PEA ou d'un contrat d'assurance-vie avec des fonds en actions. Il aime bien les entreprises qui ont l'habitude de verser des dividendes. Il est ensuite libre de réinvestir des dividendes dans la même entreprise ou d'en choisir une autre dont la croissance ou la générosité envers ses actionnaires lui paraît meilleure. C'est ainsi que le capital s'oriente naturellement vers les secteurs les plus prometteurs.

97 http://www.mediapart.fr/journal/france/170209/capital-travail-un-partage-de-plus-en-plus-inegalitaire?page_article=2

> Un capitaliste est en visite officielle en Chine communiste et les « camarades capitalistes » lui montrent les grands projets du moment. Sur le chantier d'un barrage, des centaines d'ouvriers creusent à la pelle. Le capitaliste demande au responsable du chantier s'il ne serait pas judicieux d'investir dans quelques bulldozers, ce qui permettrait de réduire considérablement les effectifs. Choqué, le Chinois lui rétorque que beaucoup de ces camarades travailleurs perdraient alors leur emploi. Le capitaliste réfléchit un moment et lui dit alors : « Je croyais que votre objectif était de construire un barrage. Mais si votre objectif est de créer de l'emploi, il serait plus efficace de leur donner des cuillères. »

Il n'y a pas d'opposition entre capital et travail. Plus il y a de capital, plus nombreux seront les emplois qualifiés et mieux le travail sera rémunéré. Moins il y a de capital, plus il y a d'emplois subventionnés, d'entreprises fragiles et de chômage.

Fiscalité des entreprises, la France malade de ses records

Impôts sur les sociétés

1	France	36,1 %
2	Belgique	34,0 %
3	Espagne	30,0 %

3	Allemagne	29,8 %
5	Italie	29,8 %
6	Royaume-Uni	24,0 %

Sources : Enjeux Les Échos et Eurostat, novembre 2012.

Impôts sur les dividendes

1	France	62 %
2	Angleterre	55 %
3	Italie	41 %

Dernière place :

Allemagne 37 %

Source : Xavier Fonanet, « L'impôt ou le mal français », Les Échos, octobre 2012.

Impôt sur le capital

1 France 1,5 %

Abandon de tous les autres participants, sauf le Luxembourg

Impôt sur les plus-values

Combien gagne un investisseur qui achète 100 une entreprise et qui la revend dix ans plus tard lorsqu'elle a doublé de taille en ayant acquitté tous ses impôts ?

Pour 100 au départ :

Le Français gagnera 32.

L'Anglais gagnera 96.

L'Italien gagnera 112.

L'Allemand gagnera 126.

Source : Xavier Fontanet, « L'impôt ou le mal français », Les Échos, *octobre 2012.*

En France, en 2011, les entreprises françaises se sont acquittées de 47 Mds€ d'impôts de plus que leurs consœurs allemandes. Le taux de marge des entreprises françaises (sociétés non financières) est un des plus mauvais d'Europe et a baissé de 10 % en France contre 5 % en moyenne dans la zone euro entre 2007 et 2011[98].

Comment l'inflation aggrave l'impôt

Les calculs de rendement ou de dividendes ne prennent pas en compte l'inflation et portent sur la valeur nominale. Supposons que vous ayez un capital de 100 qui vous rapporte du 4 %. Voici un tableau qui vous indique, dans trois cas de figure d'inflation et d'imposition, les gains ou pertes après impôts réalisés avec votre capital.

98 Fondation IFRAP, *Société civile*, n°128, octobre 2012.

Dans cet exemple, vous voyez que les rendements après impôt sont le plus souvent négatifs avec des hypothèses d'inflation extrêmement prudentes et une hypothèse de rendement nominal très modeste. Il ne faut donc pas s'étonner si de nombreux contribuables préfèrent aller s'établir ailleurs.

Gains ou pertes sur un capital rapportant 4 %

			Imposition					
	Revenu après 1 an		34,5 %		45 %		60 %	
	nominal	réel	impôt	revenu après impôt	impôt	revenu après impôt	impôt	revenu après impôt
Inflation à 2 %	4	2	1,38	0,62	1,8	0,8	2,4	- 0,4
Inflation à 2,5 %	4	1,5	1,38	0,12	1,8	- 0,3	2,4	- 0,9
Inflation à 3 %	4	1	1,38	- 0,38	1,8	- 0,8	2,4	- 1,4

« La Fondation Fondapol a montré qu'il faut générer **9 % de rendement sur son capital pour espérer simplement résister à l'inflation et payer l'ISF. Or, un capital bien géré ne rapporte guère plus de 3 %.** Tout capital détenu en France est donc condamné à se déprécier de 6 % par an. Devant une taxe de séjour aussi exorbitante, la probabilité qu'un détenteur de capitaux reste en France plusieurs années de suite est très faible. »[99]

99 Tribune de Denis Payre, *Les Échos*, 3 janvier 2012.

Quant aux plus-values immobilières, ce sont – vous l'avez déjà compris – des impôts sur l'inflation due à une politique de la monnaie faible. D'autant plus que vous ne pouvez retrancher vos travaux d'amélioration si vous les avez déjà déduits de vos revenus.

Que retenir de notre réflexion sur les impôts ? Essentiellement que l'État va maintenant devoir en passer par les solutions impopulaires. Finies les manœuvres de diversion et les discussions stériles sur les impôts marginaux. Taxer plus les entreprises, ce serait vouloir définitivement les tuer et basculer dans le « tout État », l'économie marxiste. Ce n'est pas impossible, certains membres du gouvernement ont la nostalgie des nationalisations. Peugeot pourrait produire des Trabant dont Florange produirait les tôles… Ce n'est cependant pas le plus probable, car il faudrait aussi fermer les frontières ; depuis 1981, nous avons progressé puisque nous appartenons à l'Union européenne.

Jusqu'à présent, on a essayé de faire croire que les riches pouvaient payer. Mais en 2013, comme durant les trente-huit années précédentes, le budget ratera ses objectifs, le déficit se creusera et la dette gonflera. Nos créanciers étrangers risquent de s'inquiéter. Pour les rassurer, il faudra en passer par une augmentation des impôts très impopulaires, ceux que tout le monde paie : la TVA et (ou) la CSG.

Là où la Troïka passe, le contribuable trépasse

Lorsque la Troïka (Banque centrale européenne, Union européenne, Fonds monétaire international) s'est penchée au chevet des pays malades de la dette, la hausse de la TVA a toujours été une des premières mesures demandées.

- En Irlande, le taux de TVA est poussé à 21 % en 2010, puis à 23 % en 2012.
- En juillet 2010, en Grèce, le premier plan d'austérité avait remonté la TVA de 10 à 11 % et de 21 à 23 %.
- Au Portugal, à la fin de 2011, la TVA passe de 13 à 23 % et de 6 à 23 % pour l'énergie.
- En Espagne, en septembre 2012, la TVA est remontée de 18 % à 21 %.
- L'Italie passe de 20 à 21 % en 2012, puis 22 %, taux prévu en 2013 (au lieu de 23 %, initialement évoqué).

Inutile de se voiler la face, la TVA est le moyen le plus simple de faire rentrer très vite l'argent dans les caisses, d'autant plus que les collecteurs d'impôts sont les entreprises. En deuxième ligne, on trouve la CSG.

Après la TVA, nous aurons droit à une augmentation de CSG, impôt facile à lever. Enfin, attendez-vous à ce que l'immobilier ne profite pas longtemps des exemptions de plus-values trentenaires. Difficile d'échapper à tout cela me direz-vous. Vous pouvez cependant trouver des esquives pour réduire votre facture fiscale.

Fiche pratique numéro 7

Trois façons de minimiser vos impôts sans avoir à vous terrer dans une niche précaire

Êtes-vous vraiment obligé de payer la TVA ? Comment éviter légalement que l'État fasse main basse sur votre argent lorsque vous consommez ? C'est simple : en payant le moins possible de TVA. Bien sûr, il ne s'agit pas de développer l'économie au noir, mais réfléchissez, il existe un autre moyen… Pour de nombreux biens, vous n'avez finalement aucun intérêt à acheter du neuf.

1. Le troc et l'occasion pour esquiver la TVA en toute légalité

Ce n'est pas une coïncidence si les marchés du troc et de l'occasion se sont bien développés depuis le début de la crise. Le site leboncoin.fr, cousin germain du site suédois Blocket, affichait en 2011 un chiffre d'affaires de 64 M€, en hausse de près de 78 % par rapport à l'année précédente. C'est le 11e site le plus visité de France, devant eBay. Ce fleuron du groupe norvégien Schibsted affiche 59 % de marge opérationnelle.

La recette est simple et efficace, le descriptif et les photos des objets permettent de choisir en ligne. Les professionnels (il y en a qui proposent leurs biens usagés en concurrence avec les particuliers) sont clairement identifiés.

Autre variante, le Troc de l'île (troc.com) qui vous permet de déposer ou vendre contre du cash en magasin et évidemment d'acheter. La France compte **déjà pas moins de cinq autres chaînes de magasins d'achat-vente d'objets d'occasion :** Cash Converters, Cash Express, Easy Cash, Happy Cash et Planet Cash. « En dix ans aussi, la donne de l'occasion a changé. La société, secouée par les crises économique et financière et sensibilisée aux pratiques de développement durable, voire aux idées de décroissance, s'est ouverte à de nouvelles pratiques », analyse *Enjeux Les Échos*[100].

Ce qui dit la loi

Pour être qualifiés d'occasion, les biens doivent avoir fait l'objet d'une utilisation.

La vente de tels biens par des particuliers n'est pas soumise à la TVA dès lors qu'elle ne constitue pas une activité commerciale.

Réfléchissez bien, en dehors de l'éphémère vanité, qu'est-ce qui justifie que vous achetiez un objet neuf ? En plus, vous participez au « développement durable » en limitant le gâchis et vous favorisez l'économie privée car l'intégralité de votre argent ira

100 Novembre 2012.

conforter le pouvoir d'achat d'un autre contribuable comme vous.

L'achat d'une automobile d'occasion : une preuve de saine gestion financière

Selon l'Automobile Club, sur 100 € dépensés pour un budget automobile, 43 € vont à l'amortissement de l'achat du véhicule, 13 € au carburant, 12 € à l'entretien, 10 € à l'assurance, 9 € au garage de la voiture, 6 € aux frais financiers et 3 € aux péages.

Comment faire simplement des économies d'impôt et des économies tout court ? En achetant une voiture d'occasion. La décote durant les premières années est effectivement très importante : de 30 % à 50 % la première année. À sa quatrième année, votre voiture achetée neuve aura perdu plus de 60 % (parfois plus de 70 % pour certains modèles) de sa valeur d'achat. En pratique, les comptables considèrent qu'un véhicule s'amortit en cinq ans.

Votre budget automobile de 100 € peut facilement être abaissé à moins de 80 € si vous achetez une voiture d'occasion. Aujourd'hui, la robustesse mécanique est excellente pour peu que vous vous soumettiez aux révisions. En vieillissant, les pannes proviennent le plus souvent d'organes électroniques. Évitez donc simplement de choisir un modèle truffé de gadgets et choisissez une marque réputée pour sa fiabilité.

L'échange de compétences, toujours pour couper à la TVA

Il n'y a pas que les achats d'objets d'occasion qui sont exonérés de TVA, le troc aussi. La crise aidant, le troc se développe entre particuliers et même entre entreprises ! « Chacun s'efforce désormais de se créer son petit territoire à l'abri du fisc, en partant du principe que, s'il n'y a plus de transactions, il n'y a rien à taxer. »[101]

Les SEL ou systèmes d'échange local fonctionnent sur ce principe : vous échangez vos compétences contre celles de quelqu'un d'autre. De la plomberie contre de la maintenance informatique, du repassage contre des leçons de maths… Bien entendu, il s'agit d'échanges de savoir-faire plutôt manuels. Ces réseaux sont donc, comme leur nom l'indique, des réseaux de proximité.

Pour échapper à la taxation, les SEL ne doivent pas raisonner en monnaie et les prestations se mesurent en une autre unité – le plus souvent propre à chaque réseau –, ce qui est troublant au premier abord.

Malgré ces précautions, en janvier 2007, un jugement a condamné un couvreur appartenant à un tel réseau. Il s'agit cependant d'un cas isolé qui n'a pas fait jurisprudence et les SEL sont promis à un beau futur avec la crise. Vous pouvez les trouver en foui-

101 Michel Garibal, « Quand les Français cherchent à se créer leur propre paradis fiscal », atlantico.fr, 12 octobre 2012.

nant sur Internet et notamment en allant sur selidaire.org et http://systemes-echanges-locaux.cybersel.com/.

2. Purgez vos plus-values immobilières pour vous préparer à la fin de l'exemption trentenaire et à la réduction des abattements

Curieusement, l'immobilier a été jusqu'ici plutôt ménagé par le rouleau compresseur fiscal et les biens immobiliers que vous possédez depuis plus de trente ans sont exonérés de plus-value. Il est cependant sage de se préparer à la disparition de ce dispositif. Si vous envisagiez de vendre en vue d'un réemploi, songez à avancer la vente. Faites vos comptes…

3. Ne succombez pas à n'importe quelle carotte fiscale

N'oubliez pas, l'État va avoir un besoin désespéré d'argent. Le seul avantage fiscal qui tiendra, c'est celui que vous aurez pris à l'entrée, sous forme de remise d'impôt ou de déduction immédiate. Mais tous les avantages à venir, les réductions promises au fil du temps, vous risquez bien de ne jamais les obtenir et ils deviennent illusoires.

9

La loi de l'utilité marginale et son application dans votre foyer

> « *Ce qui n'est point utile à l'abeille, n'est point utile à l'essaim.* »
> Charles de Quieumontes.

Cette citation n'existe pas, ni le sieur de Quieumontes. J'ai triché, c'est du verlan. En revanche, Charles de Montesquieu existe bien et pensait au contraire que « ce qui n'est point utile à l'essaim, n'est point utile à l'abeille ». Damnation : Charles de Secondat, baron de la Brède, était un collectiviste !

Notre philosophe place l'essaim, la collectivité, avant l'individu, l'abeille. L'essaim semblerait pouvoir même émettre un jugement sur ce qui lui est utile. En poussant le raisonnement de Montesquieu à ses limites, l'essaim pourrait décider de ce qui est utile ou non à l'abeille. Ceci semble choquant, car l'essaim n'existe pas sans l'abeille tandis que l'abeille peut exister sans l'essaim. La proposition de Montesquieu paraît donc plus logique quand vous la renversez.

L'État, qui assume déjà de multiples fonctions en dehors de ses missions régaliennes, justifie qu'il lui faut toujours plus de moyens et donc d'argent pour nous rendre des services toujours plus nombreux, utiles et meilleurs. En conséquence, lorsque nous sommes sollicités par l'État pour mettre la main à la poche pour telle ou telle cause, nous avons mauvaise conscience de ne pas nous y soumettre avec allégresse. Toutes ces dépenses seraient utiles à la ruche, nous dit-on.

Pourtant, accorder toujours plus de moyens à un objectif fait fi d'un principe empirique connu sous l'étiquette d'utilité marginale. Pour illustrer ce concept, l'analogie la plus populaire est celle de la gorgée de bière. La première gorgée procure un grand plaisir, la deuxième est un peu moins bonne, la troisième encore moins. L'utilité des gorgées suivantes décline progressivement pour devenir marginale. À la troisième tournée, il est même temps de se demander si un nouveau demi ne serait pas nuisible…

Pour briller dans les dîners, vous pouvez jeter négligemment cette équation sur un bout de papier :

$$\forall i, \frac{\partial^2 U}{\partial^2 x_i} \leq 0$$

Cette formule bizarre exprime scientifiquement la décroissance de l'utilité marginale « U » en fonction de chaque dose « x » successive (notée x_i pour indiquer une séquence). Par exemple, une oie est successivement gavée de rations x_i, ce qui fait progressivement gonfler son foie. L'utilité U est d'obtenir le plus gros foie gras. Mais, au bout d'un certain nombre de doses, le gain devient marginal, le foie grossit de moins en moins vite. L'oie est alors abattue lorsque le foie a atteint sa limite et que le gain procuré par un gavage supplémentaire devient imperceptible.

N'oubliez pas qu'il est très important pour votre ambition de rentier de ne pas vous faire étiqueter comme asocial, mais plutôt comme intellectuel. Cette équation peut donc vous être utile. Vous pouvez facilement la combiner avec la citation de Kant du chapitre 5 et ainsi démontrer la pureté de vos intentions, qui ne sont nullement contestataires mais essentiellement scientifiques.

Pour analyser comment fonctionne l'utilité marginale en économie, je vous propose de prendre une dépense publique qui fait l'unanimité : l'éducation. Selon un consensus, l'**éducation (et non plus l'enseignement) est bonne pour le développement d'un pays**. Pour lutter contre le déclin, l'État doit investir dans la première force d'une nation : sa jeunesse. Ainsi la main-d'œuvre devient de plus en plus qualifiée, la productivité va augmenter, les salaires aussi. Partant de ce principe, il ne choque donc personne que l'éducation absorbe le plus gros budget de l'État ni que les enseignants forment le plus important bataillon de fonctionnaires. Chaque gouvernement y va de sa « réforme de l'éducation », toujours dans la recherche du plus grand bonheur des élèves et des étudiants. C'est tout au moins ce que vous lisez et entendez partout et c'est d'ailleurs assez vrai… dans une certaine limite.

L'utilité désormais marginale des dépenses d'éducation

Mais, au fond, que donnent tous ces efforts ? N'avez-vous pas constaté dans votre entourage que les jeunes diplômés avaient de plus en plus de mal à trouver un travail stable et bien payé ? Les salaires des « bac + 5 » sont-ils très élevés ? Un « bac + 11 » est-il vraiment à l'abri du chômage ? Sans répondre directement à toutes ces questions, je vous propose de regarder l'évolution dans le temps du coût moyen par élève, du taux de bacheliers et du taux de chômage dans notre pays, ce qui est illustré par les trois graphes suivants.

Le coût moyen par élève est passé d'un peu moins de 4 500 € en 1980 à plus de 8 000 € en 2010, soit une augmentation de 78 %.

Cependant, malgré cette augmentation de moyens, la proportion de bacheliers dans une génération n'a pas suivi et on constate en pratique qu'elle évolue peu depuis 1995. Il semble que nous ayons atteint un plateau à cette date.

Évolution des coûts moyens par élève (en €)

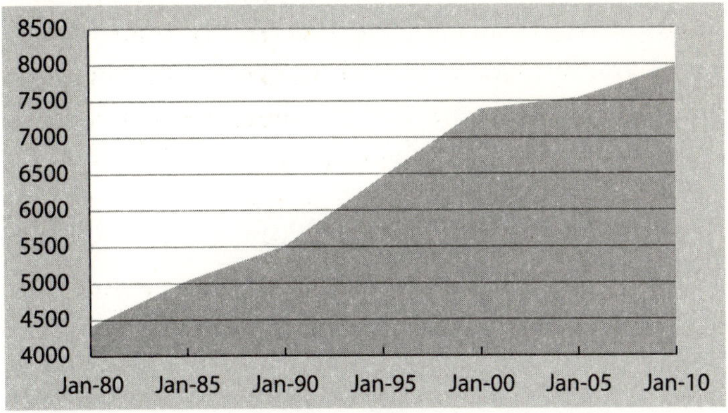

Source : Publications Agora, http://www.education.gouv.fr/cid57096/reperes-et-references-statistiques.html#Données_publiques

Évolution de la proportion de bacheliers dans une génération (en %)

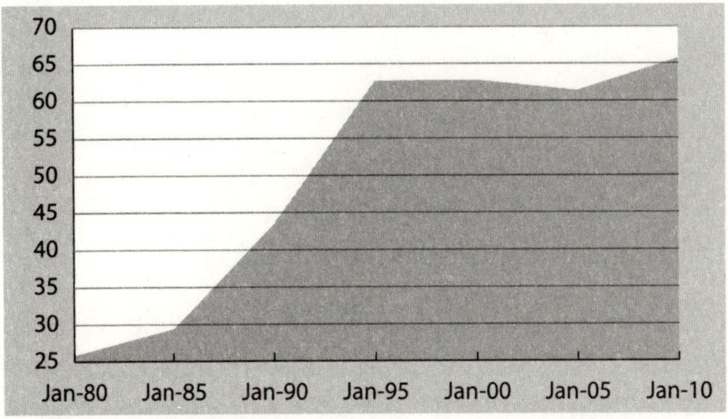

Source : Publications Agora, http://www.education.gouv.fr/cid57096/reperes-et-references-statistiques.html#Données_publiques

On aurait pu quand même s'attendre à voir cet effort d'investissement dans l'éducation se concrétiser dans les chiffres du chômage mais, hélas, ce n'est pas le cas. À vrai dire, sur trente ans, ce qui est l'échelle d'une génération, on ne constate pas de corrélation entre le chômage et le nombre de bacheliers d'une classe d'âge.

Évolution du taux de chômage (en % de la population active)

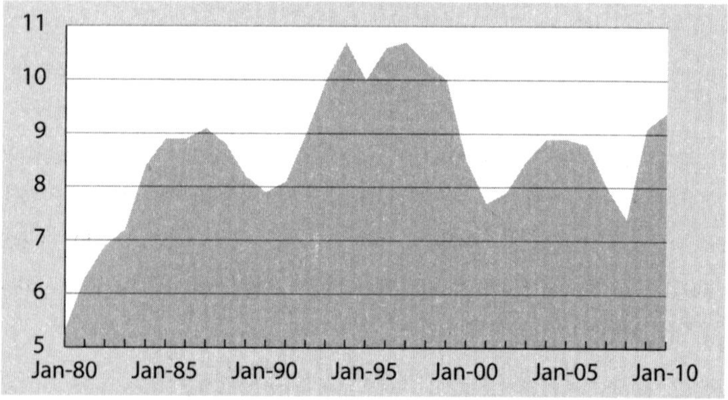

Sources : Publications Agora, Insee.

À ce stade, vous seriez en droit de m'objecter que je vous montre une courbe du chômage généraliste, mais que le chômage touche certainement moins les jeunes diplômés. Ce n'est pas tout à fait le cas.

Comme vous le montre le graphique suivant, depuis 1990, lorsque le taux de chômage monte, il monte pour tout le monde, et lorsqu'il baisse, il baisse pour tout le monde.

Taux de chômage un à quatre ans après la fin des études initiales, selon le niveau de diplôme

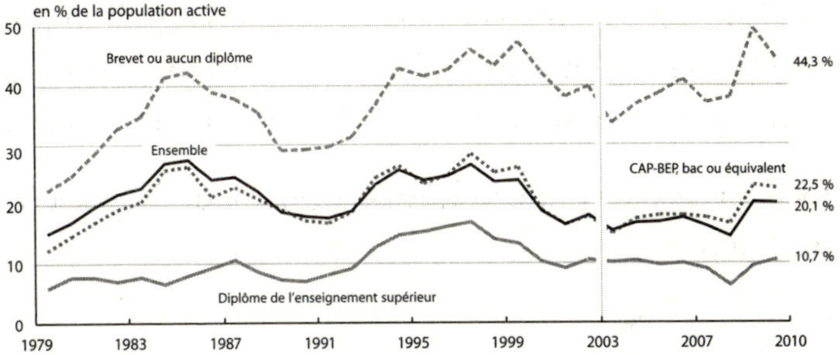

Source : Ministère de l'Éducation nationale.

Certes, plus de 65 % des jeunes d'une génération sont désormais bacheliers, alors qu'ils n'étaient qu'environ 25 % au début des années 1980. Ceci ne signifie pas pour autant que le bac est donné à n'importe qui : environ un tiers d'une génération ne présente pas ou n'obtient pas ce diplôme ouvre-porte. Pire, ceux qui ne l'obtiennent pas ne peuvent même plus prétendre à un emploi d'enseignant ou même de cadre, comme il y a trente ans.

Pour passer de ce taux de réussite de 25 % au taux de 60 %, chaque élève a coûté à l'État français environ 8 000 € en 2010. Ce coût a presque doublé depuis 1980. Ceux qui travaillent sont de plus en plus diplômés et par conséquent de plus en plus qualifiés. Pourtant, le chômage a presque doublé en trente ans.

Confronté à ce type de constat, un économiste bien-pensant vous rétorque : « Peut-être, mais ce serait pire si on n'avait rien fait. » Pourtant, il suffit d'aller regarder des statistiques étrangères, notamment en Allemagne ou au Royaume-Uni – deux pays à taux de chômage inférieur au nôtre – pour constater que le niveau de dépense dans ce domaine de l'éducation ne garantit rien.

Selon deux rapports de l'OCDE[102], les dépenses de la France par élève du secondaire dépassent celles de la moyenne des pays développés de 14 % tandis que les résultats des élèves en mathématiques, sciences et lecture sont tout juste dans la moyenne.

Il semblerait donc que le cas de l'Éducation nationale, notre mammouth, soit un très bel exemple d'utilité marginale. On augmente le budget de l'éducation, mais l'efficacité de ces dépenses reste douteuse pour la ruche. Effectivement, toujours en poussant le raisonnement à ses limites, la ruche n'a pas besoin que de doctorants, elle a besoin de personnes efficaces à tous les niveaux.

« Au niveau individuel, le diplôme demeure payant, même si son rendement relatif s'est érodé depuis vingt ans. Comme le montrent les études de l'Insee et du Céreq (Centre d'études et de recherches sur les qualifications), les jeunes les plus diplômés restent moins longtemps au chômage, ils se placent à de meilleurs postes et ils gagnent globalement plus. Mais il ne faut pas en tirer de conclusions pour la collectivité. En déduire

102 *Education at a glance 2012* et *Pisa 2009 Results*.

que diplômer davantage la population va constituer un facteur de croissance est une erreur, régulièrement commise par les économistes depuis le développement des théories du capital humain dans les années 1960 », analyse la sociologue Marie Duru-Bellat[103].

Trop de matière grise et moins de matières premières

En pratique, notre société a profondément changé au XXe siècle. Avant les premiers chocs pétroliers, le monde semblait pouvoir offrir à ses 3,7 milliards d'habitants des ressources naturelles abondantes, en quantités semblait-il presque illimitées. Le problème, c'était plutôt la main-d'œuvre qualifiée qui manquait. Mais, après les années 1970, l'ordre inverse a commencé à s'installer. Aujourd'hui, avec 7 milliards d'êtres humains, il n'y a pas vraiment de carence de main-d'œuvre qualifiée. En revanche, certaines matières premières, énergie en tête, font l'objet de conflits et même de conflits armés. Dans ce nouveau contexte – dans lequel même dans les pays émergents la main-d'œuvre devient qualifiée – toute dépense supplémentaire de notre État-providence en matière d'éducation sera stérile. Dans une France en faillite – et donc en manque cruel d'argent – le budget de l'Éducation nationale devrait varier proportionnellement au nombre d'élèves sans viser le « toujours plus » de dépenses.

103 Auteur de *L'Inflation scolaire. Les désillusions de la méritocratie*, Seuil, 2006.

L'utilité marginale s'applique aussi à la recherche et au développement

Au printemps 2012, un maigre débat électoral à l'occasion des élections présidentielles de notre pays a fait surgir la question de notre compétitivité, c'est-à-dire du coût des biens et services que nous produisons par comparaison avec ce qui se fait ailleurs. La presse s'émut de l'arrêt d'un haut-fourneau en Moselle et du dépôt de bilan d'un fabricant de soutiens-gorges. Nous eûmes donc droit à des envolées lyriques sur les bénéfices de la recherche et développement, ou R&D. Nous ne serions pas compétitifs, car nous aurions oublié d'investir dans ces domaines, ce qui nous conduirait à produire trop cher des objets somme toute banals.

Cependant, de telles affirmations sont contredites par les chiffres. Nous investissons toujours considérablement dans la recherche comparativement à la taille de notre industrie. Depuis 1980, la part de l'activité industrielle dans notre économie décline et depuis 2000 nous avons décroché de nos voisins européens. Aujourd'hui, l'industrie représente 13 % de la valeur ajoutée de notre PIB, tandis que ce chiffre est de 25 % pour l'Allemagne. Pourtant, on ne peut pas dire que nous n'ayons pas mis le paquet puisque nos investissements publics et privés en recherche pèsent 14 % de notre secteur industriel (soit 1,8 % de notre PIB), ce qui est en proportion très important. Si nous rapportons ce chiffre à la taille de notre secteur industriel, nous sommes avec la Suède le pays qui se donne le plus de mal. Les États-Unis et l'Allemagne sont derrière nous dans ce domaine. « Il n'y a pas de lien direct entre la dépense en R&D et la croissance »[104], constate sans état d'âme Philippe Escande. Pire, « au-delà d'un certain seuil, l'investissement supplémentaire avait même un effet négatif », indique l'éditorialiste du *Monde*. À nouveau, nous sommes confrontés à notre concept d'utilité marginale.

En revanche, ce qui a un effet très positif sur la croissance, c'est l'innovation, selon deux études : l'une pilotée entre 2006 et 2008 par la Communauté européenne et l'autre réalisée par McKinsey et publiée en mars 2012. Mais voilà bien un domaine – l'innovation – qui échappe à l'académisme et à l'ingérence étatique. L'innovation est une façon nouvelle de penser un produit ou un service. C'est un processus très concret qui s'applique immédiatement. Ce n'est pas quelque chose qui se décrète. Le rapport McKinsey souligne l'importance du marketing stratégique qui vise à connaître les désirs de ses clients. Or, le marketing est une discipline empirique pour laquelle les entreprises jouent le rôle de laboratoires avancés et une discipline dans laquelle l'université a du retard. De la même façon, le mythique laboratoire d'Edison, le fondateur de ce qui deviendra General Electric, n'avait rien d'un laboratoire universitaire mais ressemblait plutôt à un atelier-bibliothèque.

104 Philippe Escande, « Le Mythe de la R&D », *Enjeux Les Échos*, avril 2012.

Finalement, à quoi nous sert cette théorie du marginalisme dans les circonstances que nous allons traverser ? Eh bien, à deux choses. La première c'est que nous devons cesser d'être dupes des besoins de l'État-providence. Confronté à son insolvabilité et obligé contre son gré de faire des économies de dépenses de fonctionnement, notre État mettra en avant l'utilité de ses prestations pour arguer qu'aucune de celles-ci ne peut être réduite sans grave préjudice pour notre ruche. Or, dans la plupart des cas, nous avons vu que cette utilité est devenue plus que contestable.

Le « pacte de compétitivité » lancé en octobre 2012 est un exemple typique de méconnaissance de la loi de l'utilité marginale décroissante et prévoit toujours plus de dépenses publiques dans l'innovation, la recherche, la formation. Pourtant, les économistes admettent désormais qu'en France « 10 % de dépense publique en moins, c'est un point de croissance en plus »[105].

L'extraordinaire usine à gaz que constitue la Banque publique d'investissement – une nébuleuse mixture de la banque Oséo, du Fonds stratégique d'investissement et d'une filiale de la Caisse des dépôts – défie la logique la plus élémentaire. Ce nouveau « machin » dispose d'un trésor de guerre de 42 Mds€.

Prenons un peu de recul. Il existe des entreprises innovantes. Toutes les entreprises sont matraquées d'impôts et de charges. Ceci pèse sur leur trésorerie et

105 Chronique d'Yves de Kerdrel, *Le Figaro*, 6 novembre 2012.

leurs fonds propres. Ce qu'elles paient en impôts, c'est autant de moins qu'elles réinvestissent, c'est autant de moins pour consolider leur bilan. En quoi une armée de fonctionnaires est-elle plus apte à choisir ce qui doit être financé que les entrepreneurs eux-mêmes si on leur laissait leur argent ? Pourquoi des gratte-papier seraient-ils plus omniscients, visionnaires et avisés que les opérationnels sur le terrain ? Pourquoi ne pas – tout simplement – laisser l'argent là où il est et laisser ceux qui savent le gagner le faire prospérer ?

Même *Le Monde* en doutait : « La création de la banque publique d'investissement suscite nombre de questions. »[106] La lecture de cet article est édifiante : il conclut que la BPI sera instrumentalisée par des chefaillons. « Je crains que la BPI n'accorde des investissements sur des critères trop laxistes, et ne facilite la survie artificielle de canards boiteux [...]. Sans logique industrielle assise sur le soutien à des filières bien définies, pourvoyeuses d'innovation ou d'emplois, la BPI, présentée comme un instrument de réindustrialisation de la France, risque de se perdre dans des opérations financières et "brouillonnes", entend-on de façon récurrente. »[107]

Là encore, on voit mal pourquoi l'État serait mieux à même de définir quelles sont les filières « pourvoyeuses d'innovation et d'emplois » que les entrepreneurs qui planchent sur leurs business-plans.

---

106 Anne Michel, *Le Monde*, 16 octobre 2012.
107 *Ibid.*

Accablées de bureaucratie et d'impôts, les entreprises françaises (hormis celles du CAC40, largement délocalisées) dégagent non seulement des marges faibles, mais bien inférieures à celles de leurs homologues européennes. Sur ces marges faibles, elles acquittent un impôt qui est le plus fort d'Europe.

Est-il si déraisonnable de penser que, si on leur laissait un peu d'argent, ces entreprises l'investiraient dans leur propre développement, sur fonds propres, sans avoir besoin de l'usine à gaz de la BPI ou même de solliciter un prêt à leur banque ?

Et même, soyons fous, admettons que l'entreprise n'investisse pas dans le futur. Elle se contente simplement d'augmenter sa capacité de production, un truc complètement débile, en somme, mais vu qu'elle gagne de l'argent, elle viserait d'en gagner encore plus… Peut-être alors que l'entreprise embaucherait. L'effectif moyen d'une entreprise française est de 14 personnes contre 41 pour une entreprise allemande.

Bref, tout serait peut-être plus simple si on laissait les 42 Mds€ là où ils sont. Bien sûr, il n'y aurait pas de président de la BPI, ni de directeur, ni de secrétaire général, ni d'employés, ni d'agence régionale, ni d'auditeurs, ni…

L'utilité marginale de la bureaucratie

Nous vivons dans un pays où le nombre de fonctionnaires par habitant est l'un des plus élevé au monde, où le nombre d'élus par habitant est également très élevé. Il est temps de réaliser que l'élu ou le fonctionnaire supplémentaire ne nous apportera rien de plus.

Avec 90 fonctionnaires pour 1 000 habitants, la France est le pays le plus fonctionnarisé, devant la Grande-Bretagne, la Belgique, l'Espagne, l'Italie, les Pays-Bas, la Grèce et l'Allemagne. Ce dernier pays compte seulement 50 fonctionnaires pour 1 000 habitants. Malgré ce record, nous sommes 56e pour l'efficacité de notre dépense publique[108].

À côté de nos fonctionnaires, nous avons aussi nos élus, une armée d'élus. En France, chaque parlementaire (sénateur ou député) représente 71 000 habitants. En Allemagne, c'est un parlementaire pour 104 000 habitants, au Brésil c'est un parlementaire pour 320 000 habitants, et aux États-Unis un pour 566 000. Je ne vous parle ici que des parlementaires, pas des élus aux échelons région, mairie et commune. Dans ce cas, c'est 1 élu pour 108 habitants ! Là aussi, on pourrait se demander si nous ne sommes pas confrontés à la loi de l'utilité marginale. Car un pays avec un nombre pléthorique de fonctionnaires et d'élus est aussi un pays sensible à la corruption.

Plus il y a d'économie administrée, plus il y a de bureaucratie. Plus il y a de bureaucratie, plus il y a de corruption et moins il y a de croissance.

108 World Economic Forum, *The Global Competitiveness Report 2011-2012*.

Curieusement, depuis 2008 et le début de la crise, on constate une troublante corrélation entre les assurances contre un défaut de paiement d'un État souverain, les CDS[109], ou le taux d'emprunt de ce pays sur les marchés, d'une part, et le classement d'indice de perception de la corruption de Transparency International, d'autre part. Plus un pays est perçu comme honnête, moins il emprunte cher.

Ainsi, en décembre 2011, l'Allemagne était classée 14e en vertu parmi 182 pays classés par Transparency. L'Allemagne bénéficie de taux d'emprunt très avantageux. Le Danemark, la Finlande, la Suède, la Norvège, l'Autriche sont également des pays européens considérés comme vertueux et peu corrompus et qui ont la faveur des marchés.

En revanche, la France occupe une assez piteuse 25e place, au même rang que l'Uruguay ; les marchés estiment que nos risques sont un peu plus importants et nous prêtent à des tarifs plus élevés qu'ils ne prêtent à l'Allemagne. La Grèce – en cours de faillite – figure à la 80e place et l'Espagne (sur une pente très savonneuse) à la 31e place[110].

Mais revenons à nos préoccupations. L'État prétend que des effectifs pléthoriques le rendent plus efficace. Nous avons vu que c'était loin d'être vrai, mais Bercy et son armée de 120 000 fonctionnaires disposent

109 *Credit Default Swap*, produit dérivé censé assurer son détenteur contre le non-paiement d'une dette d'État.
110 Transparency International, Indice de perception de la corruption 2011.

d'arguments solides pour faire main basse sur notre argent. La résistance est difficile. Elle consiste essentiellement dans une attitude de défense mentale qui rejette *a priori* toute dépense publique supplémentaire.

Cependant, vous pouvez aussi mettre à profit cette loi de l'utilité marginale pour votre gestion personnelle.

Le concept de décroissance d'utilité marginale appliquée à vos propres finances

Pour nos dépenses personnelles et nos crédits, nous devons nous aussi raisonner en termes d'utilité marginale décroissante. La première question à se poser est bien souvent : « Cette dépense vaut-elle véritablement le surcroît de satisfaction qu'elle va m'apporter ? » Exemple typique : la génération suivante de téléphone mobile. En général, le passage d'un modèle à un autre s'accompagne d'une très substantielle différence de prix. Mais, hormis la satisfaction éphémère de posséder le modèle dernier cri, nous téléphonons comme avant.

La plupart des ordinateurs domestiques ont désormais des capacités de calcul supérieures à ce qui existait dans les meilleurs laboratoires de recherche appliquée des années 1980. Mais, en général, les gens ne se servent que du dixième de la puissance de leurs appareils.

Faire plus avec moins va devenir une quête obsessionnelle puisque nous allons nous retrouver confrontés à une baisse brutale de notre niveau de

vie. Chaque dépense doit donc être envisagée en fonction de ce concept d'utilité marginale.

Vivant jusqu'à présent dans une société de surconsommation, nous avons tendance à confondre « besoin » et « plaisir ». Nous justifions d'acquérir un nouveau téléviseur, un nouveau gadget électronique, un nouveau vêtement, par le besoin, alors que nous ne cherchons qu'à assouvir un plaisir. Il n'y a d'ailleurs rien de honteux à cela – bien au contraire –, mais à condition de ne pas tricher avec soi-même. Car nous ne pourrons plus assouvir tous nos désirs de plaisir et il faudra bien faire des choix, organiser nos priorités.

Apprenez à bien évaluer le prix de votre plaisir

Quel est le prix du plaisir, de votre plaisir ? Le mieux, c'est de bien avoir en tête votre tarif, c'est-à-dire vos revenus, nets d'impôt, ramenés à une journée, ou, si vous préférez, à une heure de conscience (vous retirez de 24 heures votre durée habituelle de sommeil). Le mieux, c'est de connaître votre tarif jour et votre tarif horaire, selon les sommes en jeu.

Lorsque vous avez votre tarif en tête, soupesez honnêtement votre nouvel achat. Posez-vous la question : « Combien de temps va-t-il me faire vraiment plaisir ? » Une fois que vous avez répondu à cette question, divisez le temps par le prix. Si c'est inférieur à votre tarif horaire, allez-y ! Dans le cas contraire, réfléchissez-y à deux fois.

Cas pratique : vos revenus nets, tous impôts payés, sont de 2 000 € par mois. Votre tarif jour est donc de 66 € (2 000/30) et votre tarif heure est de 4 € (66/16 car je suppose que vous dormez huit heures en moyenne). Oui, je sais, exprimé comme ça, c'est très dur, mais vous verrez, c'est utile.

Soupesez vos achats plaisirs

Maintenant, examinez votre prochain achat plaisir. Admettons que ce soit la génération suivante de votre téléphone mobile et que votre opérateur vous le propose moyennant un supplément de 150 € (à condition que vous vous engagiez vis-à-vis de lui jusqu'à votre septième réincarnation ou presque). Ce plaisir vous coûte donc 2,27 jours ou encore un peu plus de 38 heures. Pensez-vous cependant que votre nouveau téléphone va réellement vous émerveiller durant 2,27 jours, ou que vous allez le faire admirer 38 fois à l'un de vos proches et que vous allez réellement vous servir de toutes les fonctions supplémentaires que le vendeur (un jeune « geek » virtuose) vous a montrées ? Si oui, allez-y, pas de problème. Si vous avez un doute, trouvez-vous vite un autre achat plaisir dont l'utilité sera beaucoup moins marginale.

Encore une fois, l'État va vous laisser de moins en moins d'argent, donc autant profiter au maximum de ce qui vous reste et ne pas gâcher bêtement.

Soupesez vos emprunts

Après avoir abordé l'utilité marginale de l'achat plaisir, passons à un sujet plus sérieux, le prêt. Supposons que vous contractiez un prêt à 5 % dont les échéances sont de 500 € par mois et que vous ayez le même taux horaire ou journalier que dans l'exemple précédent. Votre prêt vous coûte 7,6 jours par mois, soit plus d'une semaine par mois. Mis bout à bout, cela fait 91 jours, soit trois mois. Êtes-vous disposé à travailler trois mois par an pour acquérir le bien pour lequel vous allez vous endetter ? Si c'est pour votre résidence principale, dont la valeur d'usage est très élevée (à comparer au loyer que vous auriez à payer autrement), probablement. Mais si c'est par exemple pour une voiture, est-ce encore le cas ? Appliqué aux dépenses de tous les jours, vous constatez que le principe de l'utilité marginale vous permet vite de faire le tri.

Inutile de s'endetter pour étudier, mieux vaut apprendre un métier

Même en dehors du champ de vos dépenses de tous les jours, vous pouvez appliquer ce concept d'utilité marginale. Retournons là où nous avions commencé : l'enseignement. Quels sont les parents qui ne rêvent pas de voir leurs enfants faire de meilleures études qu'eux-mêmes ? La progression de niveau de vie nous semble un dû et il nous semble parfaitement légitime que nos enfants aient une vie meilleure que la nôtre.

Dans cette optique, nous voyons les études comme une nécessité.

Cependant, les études ne sont pas un « droit au travail », et comme nous l'avons vu notre pays compte beaucoup de chômeurs diplômés. Certes, un bagage minimum est indispensable, mais l'utilité marginale est là aussi assez vite atteinte. Mieux vaut des enfants qui ont un métier que des enfants qui ont fait des études. « La guerre ne se fait plus sur la qualité (les diplômés des pays les moins avancés sont aussi compétents) mais sur les prix. »[111]

Fiche pratique numéro 8

Face à toute nouvelle dépense ou décision d'investissement, commencez par évaluer son utilité marginale.

Dans votre vie, mettez en balance votre taux horaire ou votre taux journalier et le plaisir ou l'utilité que vous escomptez. S'il vous semble que le jeu n'en vaut pas la chandelle, laissez tomber et trouvez autre chose.

Exigez de l'État ce que vous exigez de vous-même. Soyez sceptique sur toute nouvelle dépense publique et tâchez de vous documenter sur sa véritable utilité marginale.

---

111 *Enjeux Les Échos,* numéro spécial « L'économie post-crise ».

Sur le plan des finances publiques, si vous ne deviez avoir en tête qu'un seul chiffre, ce serait celui-ci : 1 € de dépense publique financée par l'endettement n'achète que 0,63 € de PIB supplémentaire[112].

112 Voir, de l'auteur, *Pourquoi la France va faire faillite,* Ixelles éditions, 2012, page 121.

10

Heureux sans l'État ?

« Un peuple prêt à sacrifier
un peu de liberté pour un peu de sécurité
ne mérite ni l'une ni l'autre
et finit par perdre les deux. »
Benjamin Franklin.

Pour nous assurer les bienfaits de notre État-providence, nous avons renoncé à de nombreuses libertés. Nous avons préféré la garantie de l'État à notre propre responsabilité dans beaucoup de domaines : santé, chômage, vieillesse. Nous avons aliéné notre liberté en acceptant la dette publique comme mode de gestion. S'il paraît normal que l'État puisse assurer les graves accidents de la vie, peut-il assurer la « bobologie », les accidents du sport, le chômage à durée indéterminée, vingt-cinq années de retraite ?

L'État-providence a déjà disparu en Espagne, pays avec lequel nous avons beaucoup de points communs. Nous partageons une administration pléthorique, des régions aux finances dégradées et un fort taux de chômage. L'Espagne a été mise à genoux par le dégonflement de sa bulle immobilière, que son système bancaire n'a pu surmonter. Plus d'un jeune sur deux est au chômage et 1,7 million de familles ont tous leurs membres au chômage. « Seuls deux facteurs permettent d'éviter une explosion sociale : le travail au noir et la solidarité familiale. »[113] Ceci marque bien la fin de l'État-providence : la pompe de redistribution est asséchée, le produit du travail échappe à la taxation, qui ne se justifie plus. La cellule familiale, la plus petite des structures sociales, prend le relais de la solidarité étatisée.

Faut-il regretter un système devenu injuste, dont la tendance naturelle favorise ceux qui sont en place, au détriment des autres, et qui prône systématiquement la conservation des avantages acquis, qui ne sont rien d'autre que les privilèges de l'Ancien Régime ?

Nous avons beaucoup parlé d'argent durant neuf chapitres et c'est normal, c'est le titre de ce livre. L'argent ne fait pas le bonheur, certes, mais en avoir un minimum est une condition indispensable. Pourtant permettez-moi de parler d'autre chose que d'argent dans ce dernier chapitre. Parlons maintenant de bonheur.

113 « Espagne : bientôt 5 millions de chômeurs », *Le Figaro*, 5 décembre 2012.

Liberté, responsabilité, propriété, monnaie : la chaîne logique qui lie le bonheur et l'argent

La propriété est le fondement de la liberté. Un esclave ne possède rien et c'est d'abord pour cette raison qu'il n'est pas libre. Le fruit de son travail ne lui appartient pas, il ne peut rien échanger, rien transmettre. La propriété – dans nos sociétés où la production agricole et la terre pèsent de moins en moins dans l'économie – ne peut s'échanger, s'accumuler, se transmettre, qu'avec une monnaie saine. Lorsque l'État trafique la monnaie et fait main basse sur votre argent, il fait main basse sur votre propriété et sur ce qui vous reste de liberté.

Évidemment, la liberté a un prix, mais celui-ci ne s'évalue pas en monnaie. Ce prix, c'est la responsabilité. Chacun est libre de faire ce qu'il veut de sa propriété, mais chacun est également responsable de ses actes vis-à-vis des autres. Ce principe est le fondement même de l'humanisme pour lequel chaque homme est responsable de son destin, de poursuivre son propre but, de mener sa propre quête. Le rôle de l'État dans ses fonctions régaliennes est de s'assurer que chacun fait ce qu'il veut de sa propriété, dans la mesure où il ne nuit pas aux autres.

Nous avons souvent trouvé que le prix de la liberté était finalement trop élevé et nous avons préféré dans beaucoup de domaines déléguer notre responsabilité à l'État : éducation, santé, assurance vieillesse… Nous avons perdu notre liberté et nous avons perdu la main. Nous avons cru acheter de la sécurité et du bonheur, mais c'était un mirage. Benjamin Franklin nous avait prévenus.

Pour financer leur social-démocratie, la plupart des pays développés ont aujourd'hui un niveau d'endettement rapporté au PIB équivalent à celui qui prévalait lors de la Seconde Guerre mondiale. En 1942, la dette publique des économies avancées dépassait 110 % de leur PIB. Actuellement, la barre des 100 % a été franchie par de nombreux pays qui, pourtant, ne sont pas en guerre. Après la guerre, cet endettement colossal fut rapidement résorbé par la croissance, mais ce ne sera pas le cas aujourd'hui.

En France, outre ce stock de dette, nous avons laissé l'État devenir obèse. Nous avons cru les hommes politiques de tout bord qui prétendaient avoir le secret du bonheur collectif. Dans son dernier livre[114], l'économiste Daniel Cohen écrit qu'« il y a urgence à repenser de fond en comble le rapport entre le bonheur individuel et la marche des sociétés. En évitant les deux dogmatismes symétriques – savoir mieux que les gens ce qui est bon pour eux ou, à l'inverse, les laisser se débrouiller tout seuls –, la question qui se pose n'est rien moins que l'assise de la société-monde qui se construit sous nos yeux ».

La question centrale est justement ce dogmatisme symétrique. Les systèmes politiques et économiques qui prétendent savoir mieux que les gens ce qui est bon

114 Daniel Cohen, *Homo economicus, prophète (égaré) des temps nouveaux*, Albin Michel, 2012.

pour eux sont des monstruosités, comme l'ont prouvé le marxisme, le maoïsme, le national-socialisme. Inversement, l'anarchie pure n'existe pas. La question, en démocratie, n'est finalement pas là. Tout homme politique qui promet le bonheur ment, c'est un charlatan.

Une société humaniste est une société dans laquelle tout le monde s'accorde sur les moyens. La fin, le but, la quête de son bonheur, appartient à chacun et reste du domaine privé. Votre conception du bonheur n'est pas la mienne et tant mieux. Vous attendez peut-être le moment de déguster un merveilleux roquefort arrosé d'un vin de Cahors avec votre cousin Gustave, qui est un fan de rugby, à l'ombre du noyer de la maison familiale. J'ai envie de tout autre chose et cela n'a aucune importance. Au passage, et sans vouloir vous pourrir la vie, je vous signale simplement que l'existence même du roquefort fut un temps gravement menacée par Bruxelles qui souhaite un monde fromager aseptisé. Nous laissons rentrer l'État dans des pans de notre vie où il n'a rien à faire.

Remettre l'État à sa place pour retrouver une société humaniste

Pour reconstruire une société humaniste, une société de moyens et non de fins, le travail est colossal. Il faut se débarrasser de notre encombrant tas de dettes existantes et surtout éviter qu'il se forme à nouveau. Nous avons vu que 57 % de notre activité économique appartient au secteur public et seulement 43 %

au secteur privé. Une étude menée par l'OCDE dans 23 pays indique qu'« au-delà d'un certain niveau, un matelas de dépenses inefficaces apparaît, qui entrave la compétitivité du secteur privé et freine l'efficacité du secteur public. Les pays dont les dépenses publiques sont maintenues en dessous de 40 points de PIB ont des dépenses efficientes à 98 %. *A contrario*, au-dessus de 50, le taux baisse à 65 % »[115].

En France, le chemin à parcourir pour remettre l'État à sa place est immense, mais c'est indispensable pour que la dette ne s'amoncelle pas de nouveau. Il y a cependant un écueil politique, car plus l'État redistribue, plus l'État assiste, plus l'État secourt, plus il est important. Avouez qu'embrasser la profession politique pour prôner la réduction de l'État, c'est à peu près aussi logique que de vouloir ouvrir une boucherie tout en étant soi-même végétarien !

Pour retrouver notre liberté et notre indépendance financière (car plus l'État est important, plus il prélève), il faut donc se mettre d'accord sur une société de moyens et purger la dette collective existante. Comment cela va-t-il se passer ?

Quatre portes de sortie, dont deux mènent à des impasses

L'Histoire nous enseigne que les situations de surendettement public se règlent de quatre façons : fisca-

115 *L'Agefi Hebdo*, n° 354, janvier 2013.

lité, croissance, inflation, ou défaut. Ces quatre portes de sortie mènent à des situations bien différentes pour les individus que nous sommes.

La première porte, la fiscalité, est en fait condamnée. Un des derniers rapports du Fonds monétaire international[116] indique que l'austérité budgétaire seule ne suffit pas. Par austérité budgétaire, entendez une réduction des dépenses publiques accompagnée d'une augmentation de la pression fiscale. La fiscalité est déjà étouffante en France, les objectifs de déficit pour 2013 ne seront pas tenus et, dès décembre 2012, le FMI conseillait à la France d'alerter Bruxelles pour demander des délais. Nous allons effectivement continuer à subir de plein fouet une pression fiscale inégalée, mais ce n'est pas suffisant pour éponger le passif que nous continuons à creuser.

La deuxième porte est donc celle de la croissance. La France a dans ce domaine un handicap. Le poids de son économie administrée, d'un gouvernement et d'une administration nostalgiques de la nationalisation, étouffe son secteur privé, seul capable de dégager de la richesse.

Mais il n'y a pas que nos propres handicaps. La période de forte croissance telle que nous l'avons connue au XXe siècle n'est pas la norme, comme nous avons eu la naïveté (ou la prétention) de le penser, mais une anomalie historique. De plus en plus d'indices

116 FMI, *Global Financial Stability Report*, octobre 2012.

le montrent. Dans mon précédent livre, *Pourquoi la France va faire faillite*[117], j'avançais l'hypothèse du vieillissement de la population, du renchérissement de l'énergie et des gains marginaux de productivité pour justifier que le retour à la croissance « comme avant » était improbable. Récemment, l'économiste Robert J. Gordon[118], Peter Thiel et Garry Kasparov[119] et même Kenneth Rogoff[120] sont venus apporter de l'eau à ce moulin. « La crise financière mondiale a-t-elle été un simple accroc – certes ravageur, mais momentané dans la croissance des pays avancés – ou bien a-t-elle mis en lumière un problème bien plus profond ? », s'interroge Rogoff[121]. Selon Gordon, la phase de progrès technologique rapide imputable à la révolution industrielle est une exception de deux cent cinquante ans.

Un article du *Financial Times*[122] a repris la plupart des arguments que j'avançais pour expliquer que l'époque des croissances au-delà de 1,5 % à 2 % semblait bien révolue pour les économies développées. Même les pays dits émergents commencent à être touchés par ce phénomène de gains marginaux et les

117 *Op. cit.*, Ixelles éditions, 2012.

118 Professeur à la Northwestern University, auteur de « Is US Economic Growth Over? » publié par The National Bureau of Economic Research, n° 18315, 2012.

119 Auteurs de l'article mentionné dans la note : ft.com, novembre 2012. « Our dangerous illusion of tech progress ».

120 Ancien économiste en chef du FMI, professeur d'économie à Harvard, co-auteur avec Carmen R. Reinhart, de *Cette fois c'est différent. Huit siècles de folie financière*, Pearson, 2010.

121 « Panne d'innovation ? Bulle financière ? Ce qui fait la crise », *Les Échos*, 20 décembre 2012.

122 Martin Wolf, « Is the age of unlimited growth over? », *Financial Times*, 3 octobre 2012.

croissances à deux chiffres ne sont plus la norme. L'auteur de l'article s'excusait presque de parler d'une idée « hérétique » en évoquant cette question, qui relève pourtant du plus simple bon sens.

Avons-nous réellement fait un bond de productivité avec Internet ? Est-il comparable à celui de la mécanisation de l'agriculture ? Sommes-nous plus productifs parce que nous regardons la télévision ? Les biotechnologies auront-elles le même effet sur notre durée de vie que la vaccination ou les antibiotiques ? Répondre à ces questions permet de remettre les pendules à l'heure concernant les innovations actuelles. Elles sont pour beaucoup agréables et distrayantes, mais elles ne sont rien par rapport à la domestication de l'énergie, à l'électrification de chaque foyer, à la mécanisation de nos tâches productives. Ceux qui vous vantent le bonheur par l'innovation sont des imposteurs. La porte de la forte croissance s'est probablement refermée pour longtemps et les dettes ne seront pas remboursées avec la richesse future.

Beaucoup de créances deviennent de plus en plus douteuses au fur et à mesure que la croissance se fait désirer. Les risques de beaucoup de prêts ont été soupesés en période faste. En période de stagnation ou de récession, une créance devient vite pourrie.

À l'échelle des États surendettés, c'est la même chose. Le vent a tourné et désormais les créanciers de l'Europe savent bien que seule l'Allemagne pourrait (éventuellement) redevenir solvable. Le 9 septembre 2012, Georges Soros, célèbre gérant de fonds, estimait que l'Allemagne devait « mener ou déserter » l'euro[123].

Restent donc les portes de l'inflation et du défaut.

Les banques centrales prétendent officiellement contrôler l'inflation. Cependant, vous avez vu que les banques centrales ne sont pas des organismes qui œuvrent pour le bénéfice des citoyens détenteurs d'une monnaie. Ce sont des structures dont le rôle est de protéger le système financier qui est lui-même pourvoyeur de fonds des États. La Fed américaine est un organisme privé qui dépend des banques. Quant à la Banque centrale européenne, c'est un organisme politique au service d'un grand projet, l'euro, que ses promoteurs veulent « irréversible », pour utiliser l'expression même de Mario Draghi. L'inflation constitue pour l'*establishment* politico-financier américain et même européen la porte de sortie la plus facile, le chemin de moindre résistance, puisque les dettes seraient ainsi dissoutes sans effort. Les banques centrales pensent pouvoir contrôler cette inflation à un niveau acceptable après l'avoir fait naître.

En pratique, ces banques centrales se livrent à des expériences monétaires sans précédent dont elles ignorent les véritables conséquences. « **Leur stratégie monétaire ne figure pas dans les manuels classiques. Les banquiers centraux se livrent en réalité à**

123 http://www.ft.com/intl/cms/s/0/7d4a9490-fa71-11e1-93da-00144feabdc0.html (Le lien payant sur le site du Financial Times.)

des expériences à haut risque, reposant en partie sur des travaux académiques de certains d'entre eux qui étudièrent et enseignèrent au Massachusetts Institute of Technology dans les années 1970 et 1980. [...] Si ces banquiers centraux ont raison, ils épargneront à l'économie mondiale une stagnation prolongée et la répétition des erreurs des banques centrales des années 1930. S'ils ont tort, ils pourraient réveiller l'inflation et semer les germes d'une autre crise financière. [...] L'Histoire dira-t-elle s'ils en ont trop fait ou pas assez ? Nous ne le savons pas car l'expérience est en cours, estime Kenneth Rogoff, ils prennent des risques car c'est une stratégie expérimentale. »[124]

L'Histoire nous enseigne cependant que, par le passé, aucune création monétaire n'est restée impunie. On voit mal pourquoi cette fois ce serait différent, pour paraphraser l'ouvrage de Rogoff[125]. L'inflation se réveillera et le rentier des temps modernes, le pensionné de son État-providence, se retrouvera euthanasié dans ce processus.

Des montagnes de dettes furent émises et s'émettent encore qui ne seront donc jamais remboursées faute de croissance suffisante. Ce sont des mauvais paris sur l'avenir. Il y a la partie visible de cette pyramide de dettes, les obligations souveraines des États développés, et il y a aussi la partie invisible, le hors-bilan : les engagements de retraites et les engagements sociaux

124 « Secret Talks Behind Central Banks' Bets », *The Wall Street Journal*, 12 décembre 2012.

125 *Cette fois c'est différent. Huit siècles de folie financière*, Pearson, 2010.

qui n'ont pas été provisionnés et qui concernent notre système de retraite, notre système de santé… La porte de l'inflation va probablement s'ouvrir, mais elle s'ouvrira sur un chemin de misère pour ceux qui n'ont que les subsides de leur État-providence pour vivre.

Aucun gouvernement ne se résout à ouvrir la porte du défaut. Car aucun gouvernement ne sait assumer les conséquences de cette issue et ne veut subir la cure d'austérité qui en résulterait. Pourtant, plus le temps passe, plus il faudra se résoudre à l'évidence : les États-providence comme la France ont dimensionné leurs protections pour une croissance éternelle et une démographie favorable. Mais l'assistanat indifférencié et permanent des années fastes n'est plus possible. Autant s'y préparer sereinement.

Dans l'Histoire, beaucoup d'États ont choisi la faillite, c'est finalement si simple ! En général, les créanciers étrangers sont des banquiers de pays développés. Le risque de recevoir un missile nucléaire est donc faible, d'autant plus que les diplomates de la finance – les agents du Fonds monétaire international – sont là pour arrondir les angles. Les marchés ayant une mémoire de poisson rouge, au bout d'une décennie la malheureuse affaire du pays failli est oubliée. On vante même la renaissance économique et cette nation arrive à nouveau à emprunter à un taux raisonnable. Regardez les récents exemples de l'Argentine ou de l'Islande.

Je vous entends penser, cher lecteur, et vous rebiffer : « Mais pourquoi ne pas choisir cette voie de la saine faillite et me laisser tranquille, moi et mon pauvre petit argent ? » Parce que ce beau plan de la saine faillite ne nécessite qu'une seule condition : que l'État failli n'ait pas besoin d'emprunter pour survivre. Vous allez tout de suite comprendre pourquoi.

Vivre selon ses moyens, sans « déficit structurel »

Supposons que vous ayez des ennuis d'argent car vous avez adopté un train de vie trop fastueux, inadapté à vos revenus. Vos créanciers ont accepté de patienter et même de remettre certaines de vos dettes. De votre côté, vous avez réduit drastiquement votre train de vie. Vous avez vendu votre 4x4, licencié votre chauffeur et votre femme de chambre, vendu votre résidence secondaire, vendu les meilleurs vins de votre cave et gardé la piquette, mis vos cachemires et vos Rolex à vendre sur eBay. Vous vivez désormais modestement. Vêtu d'un simple chandail, tout en coupant votre petit-bois pour alimenter votre chaudière et votre cuisinière (hors de question de payer le gaz ou l'électricité), vous réfléchissez qu'avec vos rentrées d'argent actuelles et votre nouveau train de vie vous affichez en fin de mois un solde équilibré. Les économistes vous diraient dans leur jargon que vous n'avez plus de « déficit structurel ».

Mieux encore, vous avez à portée de main un moyen d'avoir à nouveau un solde non plus équilibré mais positif, d'avoir à nouveau de l'argent, il suffirait que… vous envoyiez paître vos créanciers, pardi ! Car à ce moment vous n'auriez plus ce vieux passif à rembourser, ce boulet à traîner. Un minuscule démon tentateur montre son joli minois derrière le bûcher tandis que votre tas de petit-bois grossit. Allez-vous succomber ? Eh bien non, si vous êtes un quidam comme moi. Les huissiers vous pourchasseraient et vous pourriraient à nouveau la vie. Mais si vous êtes un État, pourquoi ne pas aller envoyer bouler ces créanciers à partir du moment où vous n'avez plus besoin d'emprunter ? Aucun huissier ne poursuit un État, même le FMI n'en a pas.

Récapitulons : les États-providence qui ont mené des réformes pour éliminer leur « déficit structurel » (le jargon des économistes parle aussi de « réformes structurelles ») peuvent couvrir leurs dépenses courantes sans emprunter. Ils peuvent donc très bien faire faillite, c'est-à-dire faire défaut vis-à-vis de leurs créanciers étrangers, et soulager leurs citoyens du fardeau de la dette extérieure.

Hélas, la France n'en est pas là. Nous avons toujours un énorme déficit structurel puisque plus de 20 % des dépenses de l'État sont financées par l'emprunt. Notre pays a manqué de courage politique. Écoutez l'ancien chancelier allemand Schröder : « Les réformes sont difficiles et leurs effets bénéfiques n'interviennent que des années plus tard [...]. Nous avons décidé que les réformes étaient indispensables, au risque de perdre les élections. »[126]

---

126 *Le Figaro*, 22 décembre 2011.

La France passera par les portes de l'inflation et du défaut

Au train où vont les choses, au contraire, la France va emboîter le pas de la Grèce, du Portugal et de l'Espagne. Plus de quatre ans après le début de la crise du crédit *subprime*, des banques ont été renflouées, les déficits se sont creusés, la Banque centrale européenne et l'Eurosystème ont injecté des milliers de milliards d'euros[127] dans le circuit financier, mais la croissance ne revient pas et les dettes ne cessent de grossir. Pire, les dettes deviennent de plus en plus douteuses.

En excluant les cas de l'Argentine, de l'Islande, de l'Irlande, du Portugal et de la Grèce, le seul grand pays développé qui dut appeler le FMI à son secours en 1976 fut la Grande-Bretagne, ruinée par des années de travaillisme.

Tout système incapable de se punir de ses erreurs est incapable de s'améliorer. C'est vrai de la finance et c'est aussi vrai de la démocratie. Nous avons en fait deux crises en une.

On lit souvent dans la presse des mentions telles que « petits épargnants ». Mais, dans la pratique, il n'y a pas de gros ou petits épargnants. Il y a les épargnants et les autres. Il n'y a pas les détenteurs de capitaux et

127 LTRO (ou *Long Term Refinancement Operations*) = 1 019 Mds€, ELA (ou *Emergency Liquidity Assistance*) = 297 Mds€, solde Target 2 (*Trans-European Automated Real-Time Gross settlement Express Transfer system*) des pays en difficulté = 800 Mds€, OMT (ou *Outright Monetary Transactions*) = montant inconnu car illimité !

les contribuables[128] ou bien les créanciers privés et les contribuables. Tout épargnant est triplement contribuable. D'abord par les prélèvements qu'il paye sur ses revenus, ensuite par ce qu'il paye en taxes sur ce qu'il consomme, et enfin par ce qu'il paye en impôt sur son épargne et sur tout ce qu'il a légitimement acquis. Le clivage épargnant *versus* contribuable n'a donc aucun sens.

Le débat de l'accomplissement de l'individu, notamment par l'indépendance financière *versus* achat de la paix sociale par l'assistanat systématique et la collectivisation de la charité, est bien plus fondamental. Mais il n'est pas encore politiquement acceptable.

Si vous tenez encore ce livre dans les mains, c'est qu'au fond de vous, jeune ou vieux, pauvre mais riche d'espoirs ou déjà pourvu d'une épargne, vous avez un mental plus fourmi que cigale. Je sais, la fourmi manque de charme et la cigale est plus esthétique et sympathique (La Fontaine lui a donné une vocation artistique et la cigale ne réclamait pas moins que le droit au statut d'intermittente du spectacle). C'est donc désagréable de se voir en fourmi. Disons plutôt que vous considérez que votre indépendance matérielle et financière est un aspect primordial de votre liberté.

128 Expression de François Lenglet dans *Qui va payer la crise ?*, Fayard, 2012.

Votre argent et la pyramide mondiale des dettes qui menace de s'écrouler

La France est une pièce d'un gros puzzle, d'autres pays développés sont aussi surendettés que nous, et notamment les États-Unis qui affichent en 2013 un objectif de 2 % de croissance pour 8 % de déficit. « Beaucoup de prévisionnistes s'attendent à 3 % à la fin de l'année. Je serais assez content si c'était le cas. Cela ne résorbera pas notre chômage avant longtemps. Nous avons vraiment besoin de 4 %, 5 % de croissance pendant une longue période pour nous en sortir », indiquait Kenneth Rogoff à Bloomberg[129] fin 2012.

Il s'est construit depuis des décennies une pyramide financière mondiale de dettes qui est très instable. En effet, la plupart des actifs financiers qui la composent ne sont garantis par rien d'autre que par une croissance de 5 % qui était considérée comme la norme, notamment aux États-Unis. Ce chiffre devient hors d'atteinte pour très longtemps, la pyramide se fissure de partout.

Voici une représentation de cette pyramide financière. En haut se trouvent les actifs les plus liquides, les plus sûrs, les plus facilement négociables, ceux qui reposent le moins sur la confiance. En bas se trouvent les actifs les moins liquides, les plus risqués, ceux dont le marché se gèle immédiatement en cas de crise. N'oubliez pas que la crise de 2008 provient certes de mauvaises créances hypothécaires américaines, mais

129 "Charlie Rose Talks to Kenneth Rogoff", *Bloomberg Businessweek*, 24 décembre 2012.

que ce sont les produits dérivés qui ont causé la mort de la banque Lehman Brothers.

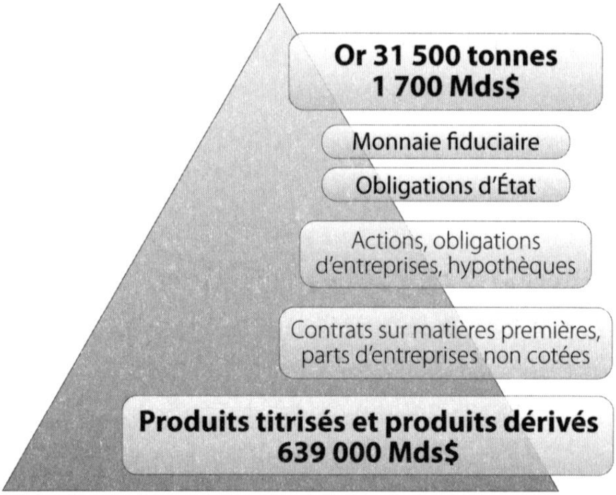

Pour maintenir cette pyramide, les gouvernements créent de la monnaie pour racheter des obligations d'État et des hypothèques, recapitaliser les banques. Créer de la monnaie n'a jamais rendu plus riche ou plus solvable, cela permet simplement de gagner du temps. Tout en haut de la pyramide, seul actif tangible qui n'a besoin d'aucune confiance pour avoir de la valeur, se trouve l'or.

À chaque étage de cette pyramide, vous pouvez avoir de l'argent en jeu. L'important est que votre argent ne soit pas détruit si cette pyramide s'effondre à nouveau. C'est pour cela qu'au fil de ce livre vous avez vu qu'il fallait vous méfier de la monnaie, éviter les obligations d'État sous toutes leurs formes et prendre un minimum de précaution sur vos dépôts et détenir de l'or, la seule monnaie véritablement démocratique.

Le retour à l'étalon-or est-il possible ?

L'or joue le rôle de flic monétaire dans cette crise. Personne n'aime les flics, mais on aime encore moins les malfrats. Dans notre cas, les malfrats sont les autorités qui se livrent à leurs expériences de création monétaire sur le dos de leur population. Cependant, le simple fait que les banques centrales possèdent encore de l'or dans leurs coffres et que les banques centrales des pays émergents – qui ont d'importantes réserves de change – achètent de l'or signifie que ceux qui ont à se protéger apprécient le flic des monnaies.

En effet, lorsqu'on parle de réserves de change, on a tendance à imaginer un banquier central assis au milieu d'une salle des coffres remplis de liasses de billets libellés en dollars, euros, yens, francs suisses, etc. La réalité est un peu différente. Ces réserves de change ne sont pas des billets, mais des dettes d'État. Ces obligations ne valent que dans la mesure où leur émetteur est prêt à les honorer dans une monnaie saine.

Les pays émergents, la Chine et les pays exportateurs de pétrole qui les détiennent savent très bien que ce n'est pas la voie qui sera choisie. Voici comment analyse la situation Dylan Grice, un économiste de la Société générale à Londres, réputé pour ses analyses de fond : « L'inflation sera l'ultime chemin de moindre résistance. Le désendettement *déflationniste* n'est pas viable politiquement, le désendettement *inflationniste* est la seule option résiduelle, il me semble. Les économistes du monde entier paraissent très confiants sur la façon de susciter puis contrôler une telle inflation. Il faut une première fois à toute chose, je suppose. Mais je suis très sceptique. »[130]

Depuis le début de cette crise, la Chine semble avoir adopté une véritable stratégie concernant l'or pour contourner un problème essentiel : comment faire pour ne pas dévaloriser ses énormes réserves ? Toute vente massive d'obligations américaines ou européennes déclencherait une panique. La Chine procède donc par petites touches : elle achète moins de titres d'État, prend des maturités plus courtes que par le passé, mais ce n'est pas suffisant. Cependant, si la Chine achetait massivement de l'or, les cours s'enflammeraient. Là aussi, elle procède donc par petites touches. Premier producteur d'or, elle n'en exporte pas. Elle acquiert des parts de mines aurifères à l'étranger ou s'assure de contrats de ventes à terme à des cours fixés à l'avance. Enfin, elle pousse ses citoyens à acquérir de l'or. Cette politique lui permet aussi de contenir sa bulle immobilière. Car, évidemment, la Chine n'échappe pas à notre règle : lorsque les citoyens pensent que l'inflation n'est pas maîtrisée et que les rendements des activités industrielles sont médiocres, ils abritent leur épargne dans l'immobilier.

130 Dylan Grice, *Popular Delusions, The Bull Case for Safe Havens*, Société générale, 23 octobre 2012.

Ceci est une théorie personnelle, mais il me semble que, le moment venu, la Chine n'hésitera pas à en appeler au civisme de ses citoyens, à leur demander d'apporter leur or à la Banque du peuple (c'est ainsi que se nomme la banque centrale chinoise). À ce moment-là, le yuan sera devenu une monnaie adossée à une réserve d'or, comme le dollar. Le yuan sera alors capable de s'imposer comme devise d'échange internationale, comme le dollar. Ceci serait logique puisque la Chine est devenue à la fois le plus gros importateur et exportateur mondial, ce qui était le cas des États-Unis lorsque le dollar s'est imposé comme monnaie étalon.

Retrouverons-nous avec une monnaie majeure un régime d'étalon-or, régime dans lequel une seule devise est garantie par de l'or, ou un système plus souple dans lequel les devises sont appréciées contre une autre devise, elle-même adossée à de l'or ? Il est trop tôt pour le dire et nous ne sommes pas encore suffisamment avancés dans cette crise monétaire. Aucune monnaie ne s'est pliée à la règle de l'étalon-or depuis la Seconde Guerre mondiale. Même le dollar des accords de Bretton Woods n'y était pas soumis puisque les Américains ne pouvaient convertir leurs dollars contre de l'or. Ce privilège était réservé aux banques centrales.

La règle de l'étalon-or impose une discipline que les politiciens jugent trop contraignante. Cependant, les projets de systèmes monétaires s'appuyant sur un panier de devises et de matières premières peinent à convaincre. L'or présente un avantage considérable sur toutes les autres matières premières, et notamment le pétrole (souvent mentionné dans les systèmes monétaires adossés aux matières premières) : il est inutile ! Si le prix de l'or est multiplié par 10 du jour au lendemain, l'économie ne s'arrête pas.

À plusieurs reprises au fil de ces pages, je vous ai indiqué que l'or constituait un abri contre la destruction monétaire actuellement à l'œuvre. Tout comme une obligation souveraine, il ne rapporte rien. Mais, contrairement à une obligation souveraine ou à une action, sa valeur ne pourra jamais être nulle. Il est probable que, dans la dernière phase de cette crise, la hausse de l'or sera fulgurante, doublant ou quintuplant sa valeur actuelle. Vous pourrez vendre votre or qui sera devenu inutile lorsque les taux d'intérêt dépasseront l'inflation (honnêtement mesurée) d'au moins 3 %. Souvenez-vous que, pour calmer la hausse de l'or en 1980 aux États-Unis, Volcker (directeur de la Fed de 1979 à 1987) a dû monter les taux courts à 20 %, 5 % au-dessus de l'inflation.

Ce sera la fin de la répression financière, la fin de cette crise et le moment d'un nouveau départ. Ceux qui auront le moins perdu seront les grands gagnants, car il leur restera de quoi rebondir.

L'argent ne fait pas le bonheur, mais l'État non plus. Il est difficile d'être heureux sans aucun argent ou dans une société anarchique dans laquelle ne régnerait que la loi du plus fort. Argent et État sont donc deux ingrédients nécessaires au bonheur de chacun, même s'ils ne sont pas suffisants. Toutefois, il y a une énorme différence entre argent et État : trop d'argent n'a jamais nui, trop d'État si.

Table des matières

Chapitre 1 : De l'État-providence à l'État rapace **7**
Le vrai déficit est plus grave qu'on ne vous le dit ... 10
Les quatre gros postes de dépenses publiques 12
L'impossible réduction du train de vie public 13
Comment trouver rapidement de l'argent ? 14
Organisez votre résistance 19

Chapitre 2 : Prenez le maquis des banques **23**
De la banque pour riches à la banque pour tous 26
Votre banque n'a pas sous la main tout l'argent correspondant à vos dépôts 28
Une banque est un marchand de crédits et de dettes 29
L'État boulimique de la dette s'appuie sur les banques pour emprunter 31
Le développement de l'économie du mauvais crédit 34
Les ruses des marchands de dettes 35
Comment les épargnants espagnols se firent refiler la patate chaude 39
Du livret de caisse d'épargne au livret A : un piège qui peut se refermer 40
Autres livrets : aucun intérêt ! 42

Alors que faire ? Débancarisez-vous ! 43

Chapitre 3 : Résistez à la répression financière 51

L'art du banquier central : vous euthanasier avec son taux directeur 52

Ne laissez pas votre argent se faire prendre en otage 60

Les cinq niveaux de liberté 61

Le cauchemar des banques : la panique ou *bank run* 64

Le gel de vos contrats d'assurance-vie dans le collimateur 66

L'interdiction des ventes d'or et la possible confiscation de l'or 69

Les précédents historiques de Franklin Roosevelt et de Léon Blum 72

Ce que dit aujourd'hui la loi 73

Les emprunts forcés : une idée caressée par nos élus 76

Chapitre 4 : Main basse sur vos retraites et poudre d'escampette 81

Un système qui prend l'eau depuis 1960 83

Les chômeurs ne vous paieront pas votre retraite ... 91

Quand la répression financière se mêle sournoisement de vos retraites 92

L'insoluble équation de la fourmi alors que la bise arrive 93

L'exemple dissuasif des contrats de retraite Madelin 95

Les quatre bienfaits de la délocalisation appliquée à vous-même 97

Faites (sans tricher) vos comptes 102
Le gros morceau de votre budget : les impôts 105
Choisissez vos terres d'accueil possibles 109
Dix-huit pays éligibles à une retraite dorée 109
Les six critères essentiels 110
Ce que vous ne devez surtout pas faire 112

Chapitre 5 : Non, l'État ne vous veut pas que du bien 123

De l'État-providence à l'État parasite 126
Oui, vous avez le droit d'aspirer au noble statut de rentier 139

Chapitre 6 : Les chausse-trapes de la monnaie 147

Pourquoi le troc trouve très vite ses limites 149
De l'État garant de la monnaie à l'État faux-monnayeur 153
Le va-et-vient des bonnes et mauvaises monnaies .. 158
Comment le crédit facile et la monnaie à valeur incertaine engendrent des bulles immobilière ou foncière 160
Pourquoi l'État nous vante les charmes de la monnaie faible 166
Les coups fourrés de la Banque centrale européenne 167
Comment la répression financière nous transforme en victimes inconscientes 171

Chapitre 7 : Inflation et hyperinflation : de la menace à la réalité 181

Sauver l'euro ou sauver la face de l'élite politique et financière ? 185

Ce n'est pas le crédit qui finance la croissance, mais bien la croissance qui permet le crédit 186
Comment les « réserves fractionnaires » des banques font surgir l'argent du néant 190
De l'expansion du crédit au *bank run* et à la fausse monnaie 194
Le vrai mandat de la Banque centrale européenne 196
Petite inflation deviendra-t-elle grande hyperinflation ? 198
Intoxiqués par les liquidités frelatées 204
Comment l'inflation entre dans votre caddie de supermarché 205
Comment se comportent les différentes parties de votre patrimoine en période de stagflation 211
Les signes avancés d'hyperinflation 213

Chapitre 8 : Les impôts dévoyés 219

Quand certains pigeons ne roucoulent plus et ne se pavanent plus 222
La douteuse moralité de l'impôt 225
La corruption de la démocratie 227
La stérile et futile distinction entre capital et travail 233
Mais à force de vouloir éradiquer la pauvreté, on éradique la richesse 235
La France : un enfer fiscal où tous ceux qui ne sont pas assistés paient plus de 50 % d'impôts 236
Les entreprises aussi sont surtaxées 238
Comment l'inflation aggrave l'impôt 243
Là où la Troïka passe, le contribuable trépasse 245

Chapitre 9 : La loi de l'utilité marginale et son application dans votre foyer **253**

L'utilité désormais marginale des dépenses d'éducation 256

Trop de matière grise et moins de matières premières 261

L'utilité marginale s'applique aussi à la recherche et au développement 262

L'utilité marginale de la bureaucratie 267

Le concept de décroissance d'utilité marginale appliquée à vos propres finances 269

Apprenez à bien évaluer le prix de votre plaisir 270

Soupesez vos achats plaisirs 271

Soupesez vos emprunts 272

Inutile de s'endetter pour étudier, mieux vaut apprendre un métier 272

Chapitre 10 : Heureux sans l'État ? **275**

Liberté, responsabilité, propriété, monnaie : la chaîne logique qui lie le bonheur et l'argent 277

Remettre l'État à sa place pour retrouver une société humaniste 279

Quatre portes de sortie, dont deux mènent à des impasses 280

Vivre selon ses moyens, sans « déficit structurel » 287

La France passera par les portes de l'inflation et du défaut 289

Votre argent et la pyramide mondiale des dettes qui menace de s'écrouler 291

Le retour à l'étalon-or est-il possible ? 293

Impression et façonnage réalisés en mars 2013
par La Tipografica Varese S.p.A.

Imprimé en Italie